Elemente des Storytellings in Bildung, Kulturwissenschaften und Marketing

Neeraj Karandikar
Hrsg.

Elemente des Storytellings in Bildung, Kulturwissenschaften und Marketing

Ein maschinell generierter Forschungsüberblick

Hrsg.
Neeraj Karandikar
Nashik, Indien

Die Übersetzung erfolgte mit Hilfe von künstlicher Intelligenz (maschinelle Übersetzung durch den Dienst DeepL.com). Die anschließende Überarbeitung im Satzbetrieb erfolgte vor allem in inhaltlicher Hinsicht.

ISBN 978-3-662-66292-2   ISBN 978-3-662-66293-9 (eBook)
https://doi.org/10.1007/978-3-662-66293-9

Die Deutsche Nationalbibliothek verzeichnet diese Publikation in der Deutschen Nationalbibliografie; detaillierte bibliografische Daten sind im Internet über http://dnb.d-nb.de abrufbar.

Springer
© Der/die Herausgeber bzw. der/die Autor(en), exklusiv lizenziert an Springer-Verlag GmbH, DE, ein Teil von Springer Nature 2023
Das Werk einschließlich aller seiner Teile ist urheberrechtlich geschützt. Jede Verwertung, die nicht ausdrücklich vom Urheberrechtsgesetz zugelassen ist, bedarf der vorherigen Zustimmung des Verlags. Das gilt insbesondere für Vervielfältigungen, Bearbeitungen, Übersetzungen, Mikroverfilmungen und die Einspeicherung und Verarbeitung in elektronischen Systemen.
Die Wiedergabe von allgemein beschreibenden Bezeichnungen, Marken, Unternehmensnamen etc. in diesem Werk bedeutet nicht, dass diese frei durch jedermann benutzt werden dürfen. Die Berechtigung zur Benutzung unterliegt, auch ohne gesonderten Hinweis hierzu, den Regeln des Markenrechts. Die Rechte des jeweiligen Zeicheninhabers sind zu beachten.
Der Verlag, die Autoren und die Herausgeber gehen davon aus, dass die Angaben und Informationen in diesem Werk zum Zeitpunkt der Veröffentlichung vollständig und korrekt sind. Weder der Verlag, noch die Autoren oder die Herausgeber übernehmen, ausdrücklich oder implizit, Gewähr für den Inhalt des Werkes, etwaige Fehler oder Äußerungen. Der Verlag bleibt im Hinblick auf geografische Zuordnungen und Gebietsbezeichnungen in veröffentlichten Karten und Institutionsadressen neutral.

Springer ist ein Imprint der eingetragenen Gesellschaft Springer-Verlag GmbH, DE und ist ein Teil von Springer Nature.
Die Anschrift der Gesellschaft ist: Heidelberger Platz 3, 14197 Berlin, Germany

Vorwort

„Humans are good, she knew, at discerning subtle patterns that are truly there, but equally so at imagining them when they are altogether absent."
--- Carl Sagan, Contact (Hard-Science-Fiction-Roman von 1985)

Der Mensch hat eine angeborene, grundlegende Motivation, seiner Umgebung einen Sinn zu geben. Um ihre Umgebung zu entschlüsseln und ihre Erkenntnisse mit ihren Mitmenschen zu kommunizieren, schufen unsere Vorfahren verwobene Assoziationen zwischen komplexen Mustern. Auf diese Weise bildeten sie narrative Strukturen und brachten die allerersten Geschichten hervor, wie die (etwa) 30.000 Jahre alten Höhlenmalereien in Lascaux und Chavaux, Frankreich, oder andere ähnliche alte Höhlenmalereien zeigen.

Seit dem Altertum sind Geschichten ein entscheidender Bestandteil der Entwicklung der menschlichen Kultur und Zivilisation. Von den Anfängen der Sinnstiftung bis hin zu den modernen Zeiten beeindruckender technologischer Innovationen haben Geschichten eine wesentliche Rolle im Prozess der menschlichen Entwicklung gespielt. Geschichten haben den Menschen auch geholfen, soziale und kulturelle Regeln, Vorschriften und standardisierte Strukturen für akzeptable und inakzeptable Verhaltensweisen zu bilden und zu kommunizieren.

So haben Geschichten von der Antike bis in die heutige Zeit die Entstehung und Ausgestaltung verschiedener Aspekte der menschlichen Zivilisation beeinflusst.

In der heutigen Zeit werden das Geschichtenerzählen und das Storytelling jedoch nur in einem begrenzten Rahmen als Unterhaltung oder Quelle kreativer Inspiration betrachtet. Die umfassendere und tiefere Anwendung des Geschichtenerzählens in verschiedenen Kontexten der menschlichen Existenz und Zivilisation bleibt unerforscht und wird nur von Wissenschaftlern bestimmter Richtungen untersucht.

Daher bietet dieses Buch seinen Lesern einen Überblick über die verschiedenen Bereiche der Geistes- und Sozialwissenschaften, in denen das Geschichtenerzählen bzw. Storytelling eine wichtige Rolle bei der Gestaltung der Zivilisation spielt.

Das Buch macht seine Leser mit einem der am meisten unterschätzten Elemente der menschlichen Gesellschaft vertraut, das schon immer einen wesentlichen Einfluss auf alle menschlichen Aktivitäten hatte und immer haben wird. Mithilfe eines neuartigen Dienstes zur Mensch-Maschine-Interaktion – Machine Generated Literature (MGL) Overview –, der von Springer Nature zur Verfügung gestellt wird, konnte der Autor qualitativ hochwertige Forschungsergebnisse aus den Bereichen Bildung, Kulturwissenschaften und sogar Marketing und Branding zusammentragen.

In diesem Buch informiert der Abschnitt über Bildung die Leser darüber, wie eine technologiegestützte Form des Storytellings, das digitale Geschichtenerzählen, den Bildungsbereich von der frühkindlichen Erziehung bis hin zur Hochschulbildung beeinflusst. Digitales Geschichtenerzählen ist ein wichtiger Aspekt in dieser Welt nach der Pandemie, in der eine hybride Form von Bildung, die aus intelligenten Lernumgebungen besteht, die neue Normalität ist.

Das Kapitel über Kulturwissenschaften führt die Leser in die Auswirkungen des Storytellings auf den sozialen Zusammenhalt, die soziale Bindung, kollektive Gemeinschaftserzählungen und sogar die Macht der Suggestivität des Storytellings ein.

Das Kapitel über Branding und Marketing zeigt den Lesern, wie verschiedene Elemente des Storytellings eingesetzt werden, um das Verbraucherverhalten zu beeinflussen und mithilfe von Markengeschichten eine effektivere Form des Marketings und Brandings zu entwickeln.

Nashik, India   Neeraj Karandikar

Inhaltsverzeichnis

1 **Einleitung**.. 1
  Neeraj Karandikar
  Kulturell fokussiertes Storytelling, um Jugendliche aus den Appalachen in
  Kentucky in die Lage zu versetzen, die Unterschiede bei Krebserkrankungen
  in ihren Gemeinden zu verstehen und anzugehen....................... 1
  Manipulation durch Führungskräfte und Ethik beim Storytelling 4
  Erzählung: Warum sie wichtig ist und wie sie funktioniert 7
  Was ist generationenübergreifendes Storytelling? Definition der kritischen
  Fragen für die Alternsforschung in den Geisteswissenschaften 9
  Der Einsatz von Humor und Storytelling bei afroamerikanischen Männern:
  Innovative therapeutische Strategien für den Erfolg in der Beratung........ 12
  Die Internationalisierung des multinationalen Unternehmens als Narrativ ... 16
  Literatur.. 20

2 **Storytelling und Bildung** 25
  Neeraj Karandikar
  Digitales Storytelling als schülerzentrierte Pädagogik: SchülerInnen
  befähigen, ihre Zukunft zu gestalten................................ 25
  Förderung von Erzählaktivitäten zur Unterstützung der frühen (digitalen)
  Lese- und Schreibentwicklung in der frühkindlichen Bildung............. 28
  Erforschung des Einsatzes von interaktiven digitalen Erzählvideos:
  Förderung des studentischen Engagements und Lernens in einem Hybridkurs
  an der Universität 31
  Die Konstruktion „authentischer" Wissenschaft: Ergebnisse einer
  Zusammenarbeit zwischen Universität und High School unter Einbeziehung
  von digitalem Storytelling und sozialen Netzwerken.................... 34
  Storytelling in der frühkindlichen Bildung: Zeit für die Digitalisierung 39
  Die Wirksamkeit des digitalen Storytellings im Klassenzimmer: eine
  umfassende Studie 42

Ein pädiatrisches digitales Storytellingsystem für Medizinstudenten im
dritten Jahr: Die virtuellen pädiatrischen Patienten 44
Interaktives digitales Storytelling: das kulturelle Erbe im Klassenzimmer 47
Literatur. 51

3 Storytelling und Kultur 53
Neeraj Karandikar
Narrativ, Gedächtnis und soziale Repräsentationen: Ein Gespräch
zwischen Historie und Sozialpsychologie 53
Erzählende Narrative: Soziale Bindungen als Schlüssel für gefährdete
Jugendliche. 55
Kreativität und Fiktion: Interpretationshorizonte zum Entstehen des Neuen im
Verhältnis von Individuum und Kultur 58
Demografisches Storytelling: Die Bedeutung der Narrative. 60
Das Erzählen der kollektiven Geschichte? Marokkanisch-niederländische
junge Erwachsene handeln eine kollektive Identität durch Storytelling aus. . . . 62
Traditionelle Lebensweisen und Storytelling: Werkzeuge für die Anpassung
und Widerstandsfähigkeit gegenüber Ökosystemveränderungen 66
Umgang mit kultureller Spezifität und kultureller Einbettung bei der
Internationalisierung: Kulturelle Strategien von japanischen
Handwerksbetrieben 68
Literatur. 72

4 Storytelling und Markenbildung 75
Neeraj Karandikar
Die Rolle des Storytellings bei der Schaffung von Markenliebe: der Fall
PANDORA 75
Der Einfluss des Storytellings auf das Markenerlebnis der Verbraucher:
Der Fall einer firmeneigenen Geschichte 81
Aufbau von Verbindungen zur eigenen Marke: Erforschung
von Markengeschichten durch eine transmediale Perspektive 84
Die Wirkung einer grünen Markengeschichte auf die wahrgenommene
Markenauthentizität und das Vertrauen in eine Marken: die Rolle der
narrativen Rhetorik 87
Den Einfluss von Elementen einer Story in Dienstleistungsunternehmen
verstehen. 90
Der Einfluss des Storytellings auf die Beziehung zwischen Verbraucher
und Marke. 93
Insta-Begeisterung erfasst die Nation: Der Einfluss von Instagram
auf die Absicht, in den Yellowstone-Nationalpark zu reisen. 97

Der Aufstieg des Storytellings als das neue Marketing 100
E-Commerce in der nachhaltigen Modebranche: Texte in sozialen
Medien und Verbraucherverhalten 103
Vermarktung traditionsverhafteter Produkte durch Storytelling: eine
Fallstudie über eine japanische Sake-Brauerei 106
Geschichten von Einwohnern und digitales Storytelling für partizipatives
Place Branding 109
Storytelling in der Werbung: Die Wirkung von Humor und Drama auf
die Einstellung gegenüber Marken verstehen 113
Praktiken der Markenerweiterung und die Reaktion der Verbraucher auf
die Ökologisierungsversuche der FMCG-Giganten 117
Literatur. 122

Einleitung

Neeraj Karandikar

Schlüsselwörter

Gesundheit · Realität · Manager · Führung · Leadership · Bevölkerung · Humor · Alter · Mittelwert · USA · Kunst · Essay · Stakeholder · kulturell

Kulturell fokussiertes Storytelling, um Jugendliche aus den Appalachen in Kentucky in die Lage zu versetzen, die Unterschiede bei Krebserkrankungen in ihren Gemeinden zu verstehen und anzugehen

DOI: https://doi.org/10.1007/s13187-022-02147-x

Abstract – Zusammenfassung

Kentucky hat landesweit die höchsten Krebsinzidenz- und -sterblichkeitsraten, wobei die Appalachenregion des Staates am stärksten betroffen ist.

Die Studenten diskutierten über ihre persönlichen Erfahrungen mit Krebs und ihre Gedanken zu den Ursachen und möglichen Lösungen für die Unterschiede bei Krebserkrankungen in den Appalachen im Staat Kentucky.

N. Karandikar (✉)
Nashik, Indien

© Der/die Autor(en), exklusiv lizenziert an Springer-Verlag GmbH, DE, ein Teil von Springer Nature 2023
N. Karandikar (Hrsg.), *Elemente des Storytellings in Bildung, Kulturwissenschaften und Marketing*, https://doi.org/10.1007/978-3-662-66293-9_1

Mithilfe einer Inhaltsanalyse wurden gemeinsame Themen, Unterthemen und weitere Aspekte in den Aufsätzen über Krebsarten, Ursachen von Krebs in den Appalachen und Lösungen für das Problem der hohen Krebsraten ermittelt.

Die am häufigsten identifizierten Themen, die die Krebsraten in den Appalachen Kentuckys beeinflussen, sind Geografie, Umweltfaktoren, Tabakkonsum, Bildung, Armut, Screening und Argwohn.

Als Problemlösungen zur Senkung der Krebsraten wurden häufig eine verstärkte Aufklärung und Sensibilisierung, Vorsorgeuntersuchungen und die Einstellung des Tabakkonsums vorgeschlagen.

Einleitung

Innerhalb von Kentucky gibt es in den Appalachen auch Ungleichheiten bei den sozialen Determinanten der Gesundheit, die die Krebsraten beeinflussen, wie etwa ein niedriges Bildungsniveau und mangelnder Zugang zu Gesundheitseinrichtungen.

Während Storytelling bei vielen gesundheitlichen Unterschieden eingesetzt wurde, gibt es eine Lücke in der vorhandenen Literatur, was den Einsatz von Storytelling in den Gemeinden der Appalachen betrifft, um die erhöhten Krebsraten besser zu verstehen.

In dieser Studie wird das Storytelling als Instrument eingesetzt, um die Ungleichheiten im Zusammenhang mit Krebs besser zu verstehen und zu bekämpfen. Dies geschieht durch die schriftlichen Berichte von Jugendlichen, die am Appalachian Career Training in Oncology (ACTION) Programm teilnehmen, einem Programm des National Cancer Institute Youth Enjoy Science.

Ziel dieser Studie ist es, die Aufsätze der ACTION-Teilnehmer zu analysieren, um herauszufinden, wie Jugendliche aus den Appalachen Krebs erleben, indem 1) die häufigsten Krebsarten, denen die Jugendlichen begegnet sind, 2) deren Gedanken über die Ursachen der hohen Krebsraten in ihrer Umgebung und 3) ihre Meinung darüber, was getan werden kann, um das Krebsproblem in der Region zu lösen, ermittelt wurden.

Methoden

Zwanzig High-School- und fünf Undergraduate-ACTION-Studenten bzw. -Schüler wurden gebeten, kulturell geprägte Aufsätze zu verfassen, d. h. eine Erzählung, die unter Berücksichtigung der eigenen Erfahrungen mit der Kultur der Appalachen in Kentucky geschrieben wurde.

Die Aufforderung an die Schüler lautete, einen Aufsatz mit 2000 Wörtern zu schreiben, in dem sie ihre persönlichen Erfahrungen mit Krebs, ihre Überzeugungen in Bezug auf die Ursachen der hohen Krebsraten in den Appalachen von Kentucky und ihre Ideen für Lösungsvorschläge zur Senkung der Krebsraten in den Appalachen von Kentucky beschreiben.

1 Einleitung

Im Laufe des ACTION-Programms erfuhren die Teilnehmer von Forschern und Klinikern der Universität von Kentucky mehr über mögliche Ursachen und Lösungen hinsichtlich der Krebsentstehung in den Appalachen, und dieses Wissen beeinflusste wahrscheinlich ihre Aufsätze.

Nach der Veröffentlichung wurden die 25 Aufsätze mithilfe einer Inhaltsanalyse untersucht, um gemeinsame Themen in Bezug auf die in den Appalachen Kentuckys beobachteten Krebsarten, die Faktoren, die zu den hohen Krebsraten in den Appalachen Kentuckys beitragen, und die vorgeschlagenen Lösungen zur Senkung der Krebsraten in den Appalachen Kentuckys zu ermitteln.

Ergebnisse und Diskussion

Ziel dieser Studie ist es, dass Schüler aus den Appalachen Kentuckys ihre Erfahrungen mit Krebs sowie die Ursachen und Lösungen für Krebsentstehung in den Appalachen Kentuckys durch Storytelling erkunden.

Gewisse Industriezweige – wegen des Einatmens von Kohlenstaub – und darüber hinaus der Tabakkonsum werden als Ursache für Krebs in den Appalachen Kentuckys angeführt.

Eine Studie, an der Teilnehmer aus den Appalachen dreier Bundesstaaten teilnahmen, ergab, dass im Vergleich zu den Appalachen in Ohio und Pennsylvania mehr Menschen aus den Appalachen in Kentucky der Meinung sind, dass die Empfehlungen zur Krebsvorsorge schwer zu verstehen sind.

Eine auf die Appalachen ausgerichtete Studie, die sich mit Früherkennung, deren Hindernissen und Lösungen befasste, kam zu dem Ergebnis, dass die mangelnde Früherkennung in erster Linie auf den eingeschränkten Zugang zur Gesundheitsversorgung zurückzuführen ist, und die Studenten schlugen vor, dass die Einbeziehung der Bevölkerung der Appalachen die Früherkennungsraten erhöhen könnte [1].

Obwohl übergreifende Themen in den Aufsätzen ein nützliches Forschungsinstrument sein können, ist es wichtig, detaillierte, spezifische Ursachen für Krebs in den Appalachen in Kentucky zu kennen, um relevante Ursachen zu ermitteln und Interventionsstrategien zu entwickeln.

Schlussfolgerung

Die Jugendlichen aus den Appalachen verfassten ihre Aufsätze vor dem Hintergrund der Tatsache, dass Kentucky landesweit an erster Stelle der Krebsinzidenz- und -sterblichkeitsraten steht, sowie basierend auf dem Gesundheitsverhalten und den Ungleichheiten bei den sozialen Determinanten der Gesundheit, die für die hohen Krebsraten verantwortlich sind, und ihren Erfahrungen mit der Kultur in den Appalachen Kentuckys.

Durch das Storytelling konnten die Jugendlichen den Krebs in ihren Gemeinden besser verstehen, da sie in der Lage waren, die wichtigsten Gesundheitsverhaltensweisen und sozialen Determinanten der Gesundheit zu beschreiben, die für die Krebsdisparitäten in Kentucky verantwortlich sind, und sich kulturbasierte Interventionsstrategien vorzustellen, um die Krebsbelastung in ihren Gemeinden zu verringern.

Künftige Forschungsarbeiten sollten die Auswirkungen der wichtigsten identifizierten Themen der Krebsursachen in den Appalachen wie Geografie, Umwelt, Kultur des Tabakkonsums, Bildungsfragen, Armut, Prävention und Argwohn weiter untersuchen.

Künftige Storytelling-Studien sollten Studenten aus den Appalachen mit Lebenserfahrungen aus unterschiedlichen Altersgruppen, Bildungsniveaus und Hintergründen einbeziehen, um eine repräsentativere und breitere Sammlung von Vorschlägen zu Ursachen und Lösungen für die Krebsproblematik in den Appalachen zu erhalten.

Hinweis

Maschinell erstellte Zusammenfassung basierend auf der Arbeit von Collett, Lauren K.; Hudson, Lauren; Prichard, Chris; Vanderford, Nathan L., 2022, im Journal of Cancer Education.

Manipulation durch Führungskräfte und Ethik beim Storytelling

DOI: https://doi.org/10.1007/s10551-012-1454-8

Abstract – Zusammenfassung

Dieser Artikel befasst sich mit der Einflussnahme in der Führung, nämlich der Manipulation beim Storytelling.

Manipulation wird in der Regel als unethischer Ansatz für die Führung angesehen.

Anhand einer empirischen qualitativen Studie werden wir zeigen, dass es verschiedene Arten der Manipulation durch das Storytelling gibt.

Dieser Artikel leistet einen Beitrag zur Literatur über Manipulation von Führungskräften durch Storytelling. Er bietet eine systematischere empirische Analyse und eine nuanciertere Sichtweise des Themas als bisher, indem er darlegt, wie Manager manipulatives Storytelling betreiben und welche Art von Ethik sie mit ihrer Manipulation in der Führung verbinden.

Einleitung

Wir konzentrieren uns auf eine besondere Art der Einflussnahme in der Führung, nämlich auf die Manipulation durch Storytelling.

1 Einleitung

Der Artikel leistet einen Beitrag zur Literatur über Manipulation durch Storytelling und bietet nicht nur eine systematische empirische Analyse, sondern auch eine nuanciertere Sichtweise des Themas, indem er darlegt, wie Manager manipulative Führung betreiben und welche Art von Ethik sie mit ihrem Verhalten verbinden.

Wir stützen uns in diesem Artikel auf den sozialen Konstruktionismus (Berger und Luckmann 5; Fairhurst und Grant 6), indem wir das Storytelling von Managern als eine Form der Manipulation in ihrer Führung untersuchen.

Das Ziel dieses Artikels ist es, durch eine empirische Studie verschiedene Arten der Manipulation in der Führung durch Storytelling zu identifizieren.

Die pragmatischere Orientierung im Leadership betrachtet Storytelling oft als wirksames Mittel zur Beeinflussung, z. B. um organisatorische Veränderungen voranzutreiben oder Mitarbeiter zu inspirieren (z, B. Collinson und Mackenzie 7; Denning 8; Parkin 9; Brown und andere 10).

Theoretischer Hintergrund

In der Leadership-Forschung werden Einfluss und Macht als unterschiedliche Prozesse betrachtet, wobei die Macht der Führungskraft über die Gefolgschaft im Vordergrund steht.

Das Storytelling ist ein hervorragendes Mittel zur Manipulation, da sich die Beeinflussung in der Alltäglichkeit der Konventionen der Geschichten verstecken lässt.

In Anlehnung an Wrongs (11, S. 29) Idee kann manipulative Führung sogar ein Akt sein, bei dem eine Führungskraft Informationen präsentiert und liefert, um den Mitarbeiter zu unterstützen oder zu ermutigen, seine eigenen Ziele zu verfolgen.

Wenn wir uns auf die Manipulation konzentrieren, ist es wahrscheinlicher, dass wir in den dunklen Seiten von Leadership herumstochern als in den positiven, denn immer, wenn es einen Mitarbeiter gibt, der von einer Führungskraft durch manipulatives Storytelling beeinflusst wird, entstehen Zweifel an der Ethik dieses Vorgehens (Driscoll und McKee 12).

Entscheidend ist, dass die Führungskräfte bei der Manipulation Geschichten verwenden können, die sie selbst für falsch halten.

Methode der Studie

Die Daten bestehen aus qualitativen, themenbasierten Interviews, die Geschichten enthalten, die Manager erzählt haben, um ihre Mitarbeiter zu beeinflussen.

Die von den befragten Managern erzählten Geschichten werden analysiert, indem diese Geschichten kategorisiert werden und anschließend eine Typologie der Manipulation in den Erzählungen der Manager erstellt wird.

In den Interviews ging es unter anderem um das Selbstverständnis der Führungskraft als Führungspersönlichkeit und um Beispiele für das Storytelling in der Führung.

Jedes Interview dauerte zwischen 45 Minuten und 1,5 Stunden. Da unsere Forschungsaufgabe mit Manipulation zu tun hatte, haben wir die Interviewdaten sorgfältig gelesen, um manipulative Geschichten zu erkennen.

Wir haben solche Geschichten in 9 Interviews mit Managern (von 18) entdeckt, daher wurden die anderen 9 Interviews aus den Daten ausgeschlossen, da wir in ihnen keine Anzeichen von Manipulation fanden.

In den Interviews dieser Manager wurden 13 manipulative Geschichten gefunden.

Vier Arten der Manipulation beim Storytelling-Leadership

Die deontologische Ethik kam in den humorvollen Geschichten nicht vor, da sich die Manager nicht auf eine Art von Pflicht bezogen, d. h. auf ein inneres Gefühl oder eine Erfahrung, die sie zu einem bestimmten Verhalten zwingt.

Managerin A: „Als die Leute dann anfingen zu fragen – zu diesem Zeitpunkt wusste ich noch nicht einmal, wie viele Fenster wir haben würden oder so – als die Leute anfingen, nach dem Stand der Renovierung zu fragen, sagte ich ihnen, dass ich es nicht wirklich sagen könne, ‚aber die Vorhänge sind bereits gekauft', was die Situation völlig veränderte." A versucht in der Geschichte, das Personal zu inspirieren, sich an eine neue Arbeitsumgebung anzupassen, indem sie Themen im Zusammenhang mit dem Umzugsprozess manipulierte.

In den vier Geschichten dieses Typs hat das verführerische Element mit der absichtlichen manipulativen Beeinflussung von Mitarbeitern durch eine Führungskraft zu tun.

Schlussfolgerungen und Diskussion

Es ist möglich, dass Drohgeschichten von Managern zu Manipulationszwecken verwendet werden, auch wenn wir in dieser Studie keine solchen Geschichten gefunden haben.

Selbst wenn die Manager in dieser Studie angaben, dass sie in ihren Führungserzählungen Manipulation eingesetzt hatten, bewerteten sie den manipulativen Einfluss in den meisten Fällen als negativ.

Um das Bewusstsein von Managern für ihre Motive und Beeinträchtigungen im Zusammenhang mit manipulativem Verhalten zu schärfen, sollten die Inhalte der Management- und Führungsausbildung berücksichtigt werden (z. B. Clements und Washbush 13).

Die Entwicklung eines Bewusstseins für manipulatives Verhalten und die damit verbundenen Risiken für die Gefolgschaft und die Organisation sowie die Folgen für das eigene Image als Führungskraft und die Führung im Allgemeinen kann sich als fruchtbar erweisen.

Wir sind der Meinung, dass wir einen umfassenden Einblick in die Manipulation beim Storytelling gegeben und ein Phänomen beleuchtet haben, das bisher kaum empirisch untersucht wurde.

1 Einleitung

Hinweis

Maschinell erstellte Zusammenfassung basierend auf der Arbeit von Auvinen, Tommi P.; Lämsä, Anna-Maija; Sintonen, Teppo; Takala, Tuomo, 2012, im Journal of Business Ethics.

Erzählung: Warum sie wichtig ist und wie sie funktioniert

DOI: https://doi.org/10.1007/s40614-018-0137-x

Abstract – Zusammenfassung

Die Verhaltensanalytiker haben sich nur wenig über das Erzählen und Storytelling geäußert und stattdessen die funktionalen/pragmatischen Aspekte des verbalen Verhaltens betont.

Der fortlaufende Prozess des Lesens oder Hörens einer guten Geschichte beinhaltet ineinander greifende Beziehungen zwischen den etablierten Stimuli und den damit verbundenen, differenzierten verstärkenden Konsequenzen, wobei die Kohärenz einer Geschichte einen Schlüssel zu deren verstärkenden Effekten darstellt.

Verhaltensanalytiker haben einige der grundlegenden verbalen Klassen definiert und untersucht, obwohl zeitlich ausgedehnte Sequenzen einige Anpassungen in diesen Klassen erfordern.

Paraphrase und Übersetzung, zusammen mit der Nachahmung, der verallgemeinerten Imitation und dem Nacherzählen von Geschichten, bedingen eine wichtige Rolle der komplexen Invarianz.

Die Begriffe „*Pliance*" und „*Tracking*" tragen dazu bei, die Rollen von Sprecher und Hörer auszugleichen und die gemeinsame Aufmerksamkeit zu berücksichtigen, die in der frühen sprachlichen Entwicklung wichtig zu sein scheint.

Funktionsübertragung und -umwandlung sind weitere allgegenwärtige Prozesse, die durch Stimulusäquivalenz, Beziehungsrahmen und andere Operanten höherer Ordnung angesprochen werden, insbesondere das Benennen, das die Verschmelzung von Sprechen und Hören beinhaltet.

Wir sollten überlegen, wie ein verhaltenswissenschaftliches Verständnis des Storytellings sowohl der Verhaltensanalyse als auch der sie umgebenden Kultur dienen kann.

Verhaltensanalytiker haben diese wichtigen Phänomene vernachlässigt

Um direkte und offensichtliche Verhaltenseffekte von Erzählungen zu erkennen, hätte ich mein eigenes Verhalten genauer beobachten sollen, denn ich hatte schon lange entdeckt, dass ein guter Roman oder Krimi meine Arbeitsroutine durcheinander bringen kann.

In der Boulevardpresse und anderen allgemeinen Quellen finden sich einige Hinweise auf verschiedene Rollen von Erzählungen sowie weitere Bekräftigungen ihrer Bedeutung: Eine Rolle, die mit der Geldbeschaffung zusammenhängt, ist die der Überzeugung: Geschichten sind eine der mächtigsten Formen der Überzeugung, die uns zur Verfügung stehen, insbesondere Geschichten, die zu unserer Vorstellung von der Welt passen.

Der Schwerpunkt liegt auf der organisierenden Rolle von Geschichten, insbesondere innerhalb sozialer Gruppen; er definiert eine Erzählorganisation als „kollektives Erzählsystem, in dem die Darbietung von Geschichten ein wesentlicher Bestandteil der Sinngebung der Mitglieder ist und ein Mittel, das es ihnen ermöglicht, individuelle Erinnerungen mit dem institutionellen Gedächtnis zu ergänzen."

Der Umgang mit diesen Phänomenen als Verhaltensanalytiker

Am wichtigsten für die vorliegende Diskussion ist die folgende Feststellung: Der verstärkende Wert von Geschichten beruht lediglich auf den Eigenschaften der Entwicklung komplexer Beziehungsnetze und der Umwandlung psychologischer Funktionen im Hinblick auf diese Beziehungen.

Viele Leserinnen und Leser werden diese Thesen durch ihre Bekanntschaft mit der grundlegenden und angewandten verhaltensanalytischen Forschung bereits kennen: Textverhalten; Taktiken, die durch verbales Verhalten und ausgedehnte Abfolgen von Ereignissen ausgelöst werden; *Pliance*, *Tracking*, komplexe Invarianz, wie sie durch Paraphrase und Imitation veranschaulicht werden; Übertragung von Reaktionsfunktionen und Transformation von Reizfunktionen durch Äquivalenz und relationale Rahmen; Operanten höherer Ordnung, insbesondere Benennung, das die Verschmelzung von Sprechen und Zuhören beinhaltet; gemeinsame Aufmerksamkeit und Unterscheidungen in Bezug auf sich selbst und andere, einschließlich Unterscheidungen des Standpunkts eines anderen Menschen.

Storytelling und Narrative im Dienste der Verhaltensanalyse

Schneiders Arbeit muss als Teil einer Geschichte gewürdigt werden, die die Verhaltensanalyse stärker in das zeitgenössische wissenschaftliche Verständnis einbindet und als Grundlage für die Verbesserung des menschlichen Zustands dient.

Zu dieser Geschichte selbst: Während ihre praktischen Errungenschaften inzwischen respektiert werden, wurde die Verhaltensanalyse als konzeptionelles System weithin missverstanden oder sogar abgetan, und zwar dank eines Narrativs der Kognitivisten, die ihren Standpunkt mit einer selbstgefälligen Geschichte vom „Sturz des Behaviorismus" einleiten.

Diese Punkte bilden die Grundlage für eine Geschichte, die mit der Tatsache beginnen könnte, dass im Laufe der Jahre dank Chomsky und denjenigen, die seinem Beispiel folgten, Tausende von Lehrern ihre Laufbahn begonnen haben, ohne systematische Prinzipien für den Umgang mit dem Verhalten ihrer Schüler zu haben.

Dieses Nattativ sollte mit der wahren Geschichte eines außer Kontrolle geratenen Klassenzimmers beginnen, das mithilfe eines Verhaltensanalytikers zu einer geordneten, unterstützenden Lernumgebung wurde, in der die Schüler kooperativ an der Beherrschung grundlegender Fähigkeiten und deren kreativer Anwendung arbeiteten.

Hinweis

Maschinell erstellte Zusammenfassung basierend auf der Arbeit von Hineline, Philip N., 2018, in Perspectives on Behavior Science.

Was ist generationenübergreifendes Storytelling? Definition der kritischen Fragen für die Alternsforschung in den Geisteswissenschaften

DOI: https://doi.org/10.1007/s10912-022-09735-4

Abstract – Zusammenfassung

Intergenerationales Storytelling (IGS) hat sich in jüngster Zeit zu einem kunst- und geisteswissenschaftlichen Ansatz in der Alternsforschung entwickelt.

Als Reaktion auf diese Heterogenität war es unser Ziel, den Stand des IGS in der Alternsforschung umfassend zu beschreiben und die kritischen (z. B. konzeptionellen, ethischen und sozialrechtlichen) Fragen zu bewerten, die durch ihre derzeitige Praxis aufgeworfen werden.

In den meisten Studien wurde IGS als eine Praxis beschrieben, an der ältere Erwachsene (> 50 Jahre) und Schüler der Sekundarstufe II (17–19 Jahre) teilnehmen.

Zu den kritischen Punkten gehörten uneinheitlich berichtete Teilnehmerdaten, große Unterschiede im Studiendesign und in den Methoden, undefinierte Schlüsselkonzepte, einschließlich jüngerer vs. älterer Kohorten, Generation, Storytelling und die Frage, ob es sich bei IGS um eine beabsichtigte Forschungsmethode oder ein retrospektives Ergebnis handelt.

Obwohl das IGS ein vielversprechender Bereich der kunst- und geisteswissenschaftlichen Alternsforschung ist, gibt es derzeit einige Einschränkungen, wie z. B. das Fehlen gemeinsamer Datenprofile und vergleichbarer Studiendesigns, eine begrenzte kulturübergreifende Repräsentation und eine unzureichende intersektionelle Analyse der weit verbreiteten IGS-Praktiken.

Um robustere Standards für künftige Studiendesigns, Datenerhebungen und die Reflexivität von Forschern zu fördern, schlagen wir sieben evidenzbasierte Empfehlungen für die Weiterentwicklung von IGS als geisteswissenschaftlichem Ansatz zur Erforschung des Alterns und der Beziehungen zwischen den Generationen vor.

Hintergrund

Es hat sich gezeigt, dass geisteswissenschaftliche Interventionen die Lebensqualität, das soziale Engagement sowie die körperliche und geistige Gesundheit älterer Menschen verbessern (Fraser und andere [28]; Young, Camic und Tischler [29]).

Ein zunehmend verbreitetes Beispiel für geisteswissenschaftliche Gesundheitsforschung ist das Storytelling, das den Austausch von Erzählungen beschreibt, die die zutiefst individuelle menschliche Erfahrung von Gesundheit, Krankheit und deren sozialem/kulturellem Kontext hervorheben (de Leeuw et al. [30]; Pennebaker und Seagal [31]).

Da der Schwerpunkt auf der Erzeugung und dem Austausch von Erzählungen liegt (Chonody und Wang [32]), kann das intergenerationale Storytelling unter dem breiteren Dach der geisteswissenschaftlichen Alternsforschung eingeordnet werden.

Im Einklang mit den Ergebnissen, die mit generationsübergreifenden Initiativen im weiteren Sinne in Verbindung gebracht werden – einschließlich eines stärkeren sozialen Zusammenhalts zwischen den Generationen, positiver gesundheitlicher Ergebnisse und eines geringeren Grades von Altersdiskriminierung (DeSouza [33]; Stanton und Tench [34]) – haben sich IGS-Initiativen als vorteilhaft für ältere Teilnehmer erwiesen, indem sie die Gesundheit und das Wohlbefinden verbessern (Whitehouse und George [35]), das Engagement in der Gemeinschaft stärken (Stanton und Tench [34]) und die Isolation verringern (Zucchero [36]).

Ziel der Studie

Welche methodischen Ansätze, Praktiken und Begriffsbestimmungen beschreiben derzeit das IGS als Forschungsfeld?

Während in jüngster Zeit damit begonnen wurde, das Studiendesign, die Interventionen und die Ergebnisse zu beschreiben, die für die generationenübergreifende Forschung im Allgemeinen typisch sind (Martins et al. [38]), wurde eine umfassende Analyse des generationenübergreifenden Storytellings als Forschungsansatz – und vor allem der kritischen Fragen, die dessen aktueller Praxis zugrunde liegen, einschließlich wichtiger konzeptioneller, ethischer und sozialer Gerechtigkeitsaspekte – noch nicht versucht.

Während systematischere Übersichten (Heyn, Meeks und Pruchno [37]) des Forschungsfeldes aufgrund der großen Unterschiede bei den Interventionen und der Berichterstattung über die Ergebnisse (Martins et al. [38]) noch nicht möglich sind, präsentiert diese Studie eine umfassende, analytische Bewertung von IGS als Forschungsfeld mit dem Ziel, IGS als einen rigoroseren, kritisch angeleiteten Ansatz für die geisteswissenschaftliche Forschung über das Altern und die Beziehungen zwischen den Generationen voranzubringen.

Forschungsdesign und Methoden

Da wir uns auf die Beschreibung gemeinschaftsbasierter, partizipatorischer generationsübergreifender Forschung zum Storytelling segkonzentrieren, wurden Studien, die mit Menschen in klinischen Einrichtungen (z. B. Krankenhäusern) oder kognitiv alterssegregierten Einrichtungen (z. B. betreutes Wohnen, Seniorengemeinschaften) durchgeführt wurden, ausgeschlossen.

Die Analyse der eingeschlossenen Artikel basierte auf einer vollständigen Überprüfung der folgenden Daten: Autor(en), Titel der Studie, Veröffentlichungsjahr, geografischer Standort der Studie, demografische Daten der Teilnehmer (einschließlich Alter, Geschlecht, ethnische Zugehörigkeit, Status als Student an einer Universität oder Fachhochschule und Wohnort [z. B., städtisch oder ländlich]); Formen der Erzählmedien (z. B. mündlich, schriftlich oder digital) und Erzählansätze (z. B. Lebensrückblick, Erinnerungen oder andere); Forschungsmethoden (qualitativ, quantitativ oder gemischte Methoden); angegebene(r) Zweck(e) der Forschung; Definition(en) von Intergenerationalität; darüber hinaus angegebene Einschränkungen und zukünftige Richtungen.

Ergebnisse

Fast alle Studien (24 von 26 oder 92,3 %) verwendeten in erster Linie mündliche Erzählungen (Anderson u. a. [39]; Anstadt [40]; Bartlett [41]; Bauer-Gatsos und Samatas [42]; Chippendale und Boltz [43]; Chonody und Wang [32]; Davis [44]; Davis u. a. [45]; DeSouza [33]; Fletcher und Mullett [46]; Flottemesch [47]; Gaggioli u. a. [48]; Kiełkiewicz-Janowiak [49]; Loe [50]; Momper, Dennis, und Mueller-Williams [51]; Nussbaum und Bettini [52]; Pasupathi, Henry, und Carstensen [53]; Powers, Bailey-Hughes, und Ranft [54]; Stanton und Tench [34]; Tabuchi und Miura [56]; Tabuchi und Miura [55]; Thang [57]; Thomson [58]; Zucchero [36]).

Forschungsmethoden und Analyseansatz: Mehr als drei Viertel der einbezogenen Studien (20 von 26 oder 76,9 %) nutzten qualitative Methoden für das Forschungsdesign und die Analyse (Anderson et al. [39]; Anstadt [40]; Bartlett [41]; Bauer-Gatsos und Samatas [42]; Chonody und Wang [32]; Davis [44]; Davis et al. [45]; DeSouza [33]; Fletcher und Mullett [46]; Flottemesch [47]; Kiełkiewicz-Janowiak [49]; Loe [50]; Momper, Dennis, und Mueller-Williams [51]; Nussbaum und Bettini [52]; Powers, Bailey-Hughes, und Ranft [54]; Sehrawat et al. [59]; Stanton und Tench [34]; Thang [57]; Thomson [58]; Zucchero [36]).

Diskussion und Auswirkungen

Neben der deskriptiven Berichterstattung und im Einklang mit IGS als geisteswissenschaftlichem Ansatz der Alternsforschung integriert die Studie auch eine evidenzbasierte, kritische Perspektive, die die Möglichkeiten und Grenzen der aktuellen Trends in der IGS-Forschung aufzeigt.

Unsere kritische Analyse von Schlüsselbegriffen, die für das IGS als Forschungsfeld relevant sind (einschließlich Generation, intergenerationell und Storytelling), brachte einige zwingende Implikationen hervor.

Wir sind der Meinung, dass IGS-Forscher reflexiver, ja sogar kritischer sein müssen, wenn es um die intensiven moralischen Werte geht, die in der Verwendung des Konzepts „generationenübergreifend" enthalten sind und damit einhergehen, und dass die Art und Weise, in der das Storytelling als Überwindung eines Generationskonflikts in den untersuchten Gemeinschaften eine zutreffende Prämisse sein kann – oder eben nicht.

Wenn die geschlechtsspezifische Paarbildung Teil der untersuchten IGS-Programme ist, sollten die Forscher fragen, wie und warum dies der Fall war.

Schlussfolgerungen

Um es klar zu sagen: Unsere Vorschläge sollen nicht die Vielfalt künftiger Ansätze für das IGS als Forschungsgebiet vorschreiben oder einschränken.

Vielmehr hoffen wir, die Entwicklung eines gemeinsamen Rahmens konzeptioneller und datenbezogener Grundlagen zu initiieren, die eine solide Bewertung – und innovative Formen der Umsetzung – der IGS-Forschung und -Praxis ermöglichen.

Hinweis

Maschinell erstellte Zusammenfassung basierend auf der Arbeit von Charise, Andrea; Pang, Celeste; Khalfan, Kaamil Ali, 2022, im Journal of Medical Humanities.

Der Einsatz von Humor und Storytelling bei afroamerikanischen Männern: Innovative therapeutische Strategien für den Erfolg in der Beratung

DOI: https://doi.org/10.1007/s10447-012-9165-5

Abstract – Zusammenfassung

Der Einsatz von kulturell angemessenem Humor als Instrument für Veränderungen im Rahmen der Beratung hat in der Literatur zugenommen.

Dieser Artikel skizziert einen Rahmen für den Einsatz von Humor und Storytelling als innovative Ansätze für eine erfolgreiche Beratung afroamerikanischer Männer.

Einleitung

Zu den zu reflektierenden Fragen gehören: 1) Erbringen die Berater Dienstleistungen, die gleichzeitig die kulturspezifischen und universellen Themen ansprechen, die für afroamerikanische Männer relevant sind, und 2) welche Anstrengungen unternehmen die Berater, um ihr Wissen über die vergangenen und gegenwärtigen Realitäten der Existenz afroamerikanischer Männer als Klienten in der Beratung zu erweitern?

In diesem Artikel soll dargelegt werden, wie der Einsatz von Humor und die Kunst des Storytellings das therapeutische Umfeld für männliche Klienten afroamerikanischer Abstammung verbessern kann.

Zu dem inhärenten Wert, den Humor im Leben des Einzelnen spielen kann, ist die Kunst des Storytellings ein weiteres Medium, das in der afroamerikanischen Kultur häufig verwendet wird, um die Geschichte und den Sinn des Lebens zu artikulieren (Robinson 15).

Das Verständnis der Erfahrungen afroamerikanischer Männer kann kulturell auf ihre Klienten eingestimmten Beratern dabei helfen, kreative Interventionen wie Humor und Storytelling in therapeutischen Begegnungen angemessen zu nutzen.

Der afroamerikanische Mann

Was bei afroamerikanischen Männern nicht vollständig verstanden wird, ist das Gleichgewicht, das sie entwickeln müssen, um sich erfolgreich zwischen dem zu bewegen, was Diemer (16) als schwarze und weiße Welt beobachtet hat.

In dem Bemühen, die Herausforderung der Afroamerikaner zu formulieren, untersuchte Diemer (16) qualitativ den Kampf, dem Personen afrikanischer Abstammung begegnen, während sie sich durch weiß dominierte Bildungs- und Berufssysteme bewegen.

Diemer beleuchtet die Herausforderungen, denen sich afroamerikanische Männer stellen müssen, um ihrer Herkunftskultur verbunden zu bleiben und gleichzeitig aktiv an einer Gesellschaft teilzunehmen, die kulturell nicht die ihre ist.

Um erfolgreich zu sein, muss die Beratung gleichzeitig die Erfahrungen des Einzelnen würdigen und Strategien für afroamerikanische Männer fördern, um ihre duale Existenz zu bewältigen.

Damit Berater die Resilienz, das Selbstwertgefühl und die Identitätsentwicklung ihrer afroamerikanischen männlichen Klienten fördern können, müssen sie Strategien anwenden, die die Auswirkungen der Sozialisation untersuchen und auf individuellen Stärken aufbauen (Englar-Carlson und Shepard 17).

Die Grundsätze des Humors

Das von Maples und anderen vorgebrachte Ideal (18) enthielt den Vorbehalt, dass die Berater den kulturell angemessenen Einsatz von Humor im therapeutischen Umfeld einschätzen sollten.

Das Konzept des angemessenen Einsatzes von Humor bei afroamerikanischen Männern erfordert eine Reihe von Überlegungen seitens des Beraters, wenn er lernt, wie er diese Methode des Beziehungsaufbaus und der Intervention wirksam einsetzen kann.

Eine zweite Überlegung wäre, dass der Berater die sozialen und kulturellen Rituale des Humors im Kontext und in der Weltanschauung des afroamerikanischen Mannes als kulturellem Wesen untersucht.

Der Gedanke, dass Humor als Mittel zum Aufbau von Zusammenhalt zwischen dem Berater und dem afroamerikanischen Mann eingesetzt werden kann, zusätzlich zum Abbau von Spannungen, die in der Beratungsumgebung entstehen können, sollte zur weiteren Erforschung dieses sozialen Phänomens anregen (Robinson und Smith-Lovin 19).

Die Kunst des Storytellings

Im Rahmen der Beratung kann das Storytelling sowohl dem Berater als auch dem afroamerikanischen Mann helfen, Klarheit über die Erfahrungen des Klienten zu gewinnen.

Das therapeutische Potenzial des Storytellings kann dieses bimodale Engagement für die universellen und einzigartigen Erfahrungen des Klienten kanalisieren, indem es sowohl dem Berater als auch dem Klienten hilft, die Bedeutung dieser hervorstechenden Konstrukte im Bereich der Beratung zu erfassen.

Angesichts des Einflusses der Sozialisation auf männliche afroamerikanische Klienten kann Storytelling als ein nicht bedrohlicher Prozess dienen, der die Katharsis fördert und das Teilen von Gefühlen und Verletzlichkeiten unterstützt, eine Erfahrung, die normalerweise durch frühere Sozialisationserfahrungen behindert wird (Englar-Carlson und Shepard 17).

Die Kunst des Storytellings ist als innovative Beratungsstrategie für afroamerikanische männliche Klienten besonders relevant, da Storytelling in der afroamerikanischen Kultur tief verwurzelt ist und als Metapher für die menschliche und Gruppenerfahrung dient (Robinson 15).

1 Einleitung

Empfehlungen für den Einsatz von Humor und Storytelling in der Beratung

Englar-Carlson und Shepard weisen darauf hin, dass der Berater in seinem Bestreben zu helfen, die Bedeutungsdiskrepanz erforschen muss, die für Männer zwischen ihrer früheren Sozialisation und ihren gegenwärtigen Herausforderungen besteht, und wie diese Botschaften mit den gegenwärtigen Idealen der Hilfesuche und der Teilnahme am Beratungsprozess in Konflikt stehen.

Die Einbindung afroamerikanischer männlicher Klienten in den Kontext von kulturell angemessenem Humor und Storytelling kann diese dazu herausfordern, über sozialisierten Erwartungen zu überwinden und bedeutsame Facetten ihrer Erfahrungen und die wichtige Bedeutung, die sich aus ihren Lebenserfahrungen ergibt, mitzuteilen.

Der kulturell angemessene Einsatz von Humor und Storytelling erfordert von den Beratern, dass sie präsent und konzentriert sind und sich der zwischenmenschlichen Natur des Austauschs zwischen Berater und Klient bewusst sind.

Weibliche Berater, oder solche, die einer anderen ethnischen Gruppe als die afroamerikanischen Männer angehören, müssen den historischen Kontext der Verwendung von Humor und Storytelling erkennen.

Auswirkungen auf die Forschung

Zukünftige Forschungsbereiche könnten eine qualitative Untersuchung beinhalten, die es ermöglicht, das vom Berater und vom afroamerikanischen Klienten Gesagte in der Beratung besser zu hören.

Eine solche Untersuchung würde Beratungsfachleuten gangbare Wege aufzeigen, um kulturell angemessenen Humor und Storytelling in die therapeutische Beziehung zu integrieren.

Künftige Forschungsarbeiten, die eine quantitative Untersuchung beinhalten, sollten Bewertungsinstrumente umfassen, die kulturell sensibel sind und den Einsatz von Humor und Storytelling bewerten.

Die Lehrpläne für die Ausbildung von Beratern können nicht nur für Neulinge in der Beratung von Nutzen sein, sondern auch für die Beratungsgemeinschaft insgesamt, da sie einen Einblick in die Psyche afroamerikanischer Männer und die Weltsicht einer Kultur von Menschen bieten, die von der Beratungsbranche oft entfremdet sind.

Schlussfolgerung

In der Vergangenheit waren Afroamerikaner, insbesondere Männer, in Forschungsfragen, die sich mit der Verbesserung der therapeutischen Beziehung und der Einführung kulturell angemessener Beratungstechniken befassen, nur marginal vertreten.

Für Berater, die mit afroamerikanischen Männern arbeiten, wäre es am besten, anzuerkennen, dass die therapeutische Beziehung davon profitieren würde, wenn sie die Nuancen des afroamerikanischen Lebens und der afroamerikanischen Kultur verstehen würden.

Um diesen Prozess in Angriff zu nehmen, müssen kulturell eingestimmte Berater auch bereit sein, ihre Beratungspraxis und ihr Glaubenssystem neu zu bewerten und anzupassen, und in dieser Hinsicht könnten sie gut daran tun, die Bedeutung von Humor und Storytelling als plausible therapeutische Interventionen und Strategien zu begreifen und zu verstehen, die als Werkzeuge zur weiteren Verbesserung des Lebens ihrer afroamerikanischen männlichen Klienten eingesetzt werden sollen.

Hinweis

Maschinell erstellte Zusammenfassung basierend auf der Arbeit von Vereen, Linwood G.; Hill, Nicole R.; Butler, S. Kent, 2012, im International Journal for the Advancement of Counselling.

Die Internationalisierung des multinationalen Unternehmens als Narrativ

DOI: https://doi.org/10.1057/jibs.2014.32

Abstract – Zusammenfassung

Bei der Internationalisierung geht es um die Expansion über Raum und Zeit hinweg.

Forscher haben die Internationalisierung als Marktwachstum und -expansion durch ausländische Direktinvestitionen (ADI) definiert.

Anhand von Michail Bachtins Typologie der neun Raum-Zeit-Konzepte und gezielten Beobachtungen der McDonald's Corporation zeigen wir, wie multinationale Unternehmen (MNU) Narrative der Internationalisierung schaffen, um die Risiken ausländischer Direktinvestitionen zu mindern.

Einleitung

Die Narrative der multinationalen Unternehmen über die Internationalisierung entstehen nicht durch einzelne Gesprächspartner, sondern durch dialogische Prozesse, bei denen Interessengruppen im In- und Ausland in Raum und Zeit interagieren, um gemeinsame Narrative in Frage zu stellen und manchmal zu ersetzen.

1 Einleitung

Wir erweitern das empirische Wissen über die Internationalisierung durch unseren explorativen Fall der McDonald's Corporation und tragen zur Theoriebildung bei, indem wir Thesen darüber aufstellen, wann und warum sich Narrative ändern.

In unserem ersten Beitrag argumentieren wir, dass Manager und andere Stakeholder strategisch Narrative weben, die widersprüchliche Geschichten beinhalten, um Anliegen innerhalb und zwischen internationalen Märkten zu bedienen.

Wir schlagen vor, dass Manager durch die Interpretation lokaler und globaler Daten von verschiedenen Stakeholdern inkrementelle, selbstbegründende Narrative formen, um Bedenken bei der Internationalisierung wie Fremdheitshaftung, marktbedingte Einschränkungen und Anforderungen an eine ethische Selbstdarstellung über Grenzen hinweg zu entschärfen.

Unser zweiter Beitrag besteht darin, dass wir eine mannigfaltige Sinnstiftung von Zeit in das Narrativ der Internationalisierung einbeziehen.

Wir zeigen, wie widersprüchliche Geschichten, die Raum und Zeit umspannen, in Internationalisierungsberichten existieren können.

Storytelling im Kontext der Internationalisierung

Als ein Bereich des konkurrierenden Diskurses offenbart das Storytelling Spannungen zwischen Narrativ und Geschichte (20) und Auseinandersetzungen um die Betonung des Lokalen und/oder des Globalen, des Unveränderlichen oder des sich Wandelnden, der Vergangenheit, Gegenwart oder Zukunft.

Wir argumentieren, dass strategisches Storytelling das Management widersprüchlicher Internationalisierungsnarrative beinhaltet, um Relevanz und strategische Eignung für multinationale Unternehmen innerhalb und zwischen internationalen Märkten zu gewährleisten.

Raum und Zeit sind bei der Internationalisierung miteinander verbunden: Es entstehen unterschiedliche Vorstellungen von vergangenen Ereignissen und zukünftigen Erfolgen, die die Narrative, Handlungen und Ressourcen der multinationalen Unternehmen beeinflussen.

Wir schlagen vor, dass Raum-Zeit-Matrizen (Sammlungen von Konzepten) komplexe Sensibilisierung, Ressourcenallokation, strategische Positionierung und Lernen (21) bei der Internationalisierung von multinationalen Unternehmen katalogisieren und dabei Veränderungen im Laufe der Zeit in Bezug auf vorherrschende Narrative von Managern und Interessengruppen aufzeigen.

Wir integrieren 22 Erweiterungen der Bachtin'schen Zeit in lokalen und globalen Geschichten in Vergangenheit, Gegenwart und Zukunft: In emergenten-gegenwärtigen Geschichten kann neben Wirklichkeiten oder Unmöglichkeiten ein mittlerer Bereich realer Optionen auftreten; prospektiv-zukünftige Geschichten operieren in geschlossener Zeit, mit begrenzten Optionen, die von zukünftigen Ereignissen herrühren, nicht von früheren

Ereignissen; retrospektiv-vergangene Geschichten reduzieren die Optionen durch die im Nachhinein betrachtete Verursachung der Zukunft als bereits existierend und senden rückwärts gerichtete Zeichen.

Methodik und Daten

Für unsere Daten haben wir zunächst 45 internationale McDonald's-Restaurants besucht (in den Vereinigten Staaten, dem Vereinigten Königreich, Australien, Neuseeland, Frankreich, Dänemark, den Niederlanden, Spanien, Finnland, den Niederlanden, Thailand, Singapur, Südkorea, Malaysia, China, Hongkong, Japan, Russland, Ungarn und Indien), um die lokal-globalen Aspekte des Storytellings bei McDonald's zu verstehen.

Wir nutzten auch Archivquellen, darunter Unternehmensberichte, um die Umsetzung und Kommunikation der Internationalisierung von McDonald's in jedem Land zu untersuchen.

McDonald's betrieb 228 Restaurants, hauptsächlich in den Vereinigten Staaten.

McDonald's bezeichnete das der Internationalisierung zugrunde liegende Management-Narrativ als Cantalupo's Theorem – eine Gleichung, die dieser 1994 entwickelte.

Cantalupo berechnete: P = Bevölkerung des Landes; I = Pro-Kopf-Einkommen des Landes und kam auf 25.000 = Anzahl der Menschen für jedes McDonald's-Restaurant in den Vereinigten Staaten im Jahr 1994; und US$ 23.120 = US-Pro-Kopf-Einkommen im Jahr 1994.

Cantalupo setzte die Marke McDonald's ein, um das Narrativ des Managements gegenüber externen Interessengruppen zu legitimieren.

Als Nächstes kategorisieren wir die Raum-Zeit in den Internationalisierungsgeschichten von McDonald's.

Raum-Zeit in McDonald's Narrativen der Internationalisierung

Die Matrix „Eat Smart, Go Active" veranschaulicht die kommunizierte Identität bei McDonald's weg vom fettigen Essen hin zu nahrhaften Angeboten: ein romantisches Abenteuer, bei dem sich die Homogenität taktisch an die lokalen Essgewohnheiten anpasste; ein Abenteuer des Alltags, das auf Gerichtsverfahren und den Film über Fettleibigkeit reagierte, woraufhin die Manager weltweit die „Supersize"-Optionen abschafften; Ronald wurde durch einen schlankeren Clown ersetzt, der Kunden und Mitarbeiter zu Fitness-Workouts anleitete; und eine Rückkehr zu idyllischen Beziehungen zur Natur, die durch ritterliche Codes für Qualität und Wert gestützt wurden.

Die folgenden, sich teilweise überschneidenden Raum-Zeit-Abschnitte zeigen, wie McDonald's Managementnarrative von wirtschaftlicher Effizienz und Markteintritt mit den widersprüchlichen Erzählungen der globalen Stakeholder zusammenspielte und sich als Reaktion darauf veränderte.

1 Einleitung

Als Reaktion auf die Darstellungen des Managements wurde McDonald's in Gegennarrativenberichten als Misshandlung von Arbeitern und Tieren, als unkontrollierte Globalisierung, als betrügerischer Förderer und als Sponsor von Fettleibigkeit dargestellt.

Durch das Lachen von Rabelais, die Biografie und den Schurken, den Clown und den Narren forderte McDonald's zu pluralistischen Ansichten auf, einschließlich des Spottes über die Narrative von Managern, um schrittweise Veränderungen im Zuge der Internationalisierung zu erreichen.

Theoriebildung

McDonald's steht für ein multinationales Unternehmen (MNU), das seine Internationalisierung durch die Einbindung widersprüchlicher Kräfte für Wandel und Kontinuität in der Kommunikation erfolgreich bewältigt hat.

Das vorherrschende Narrativ des Managements erklärte die Ordnung und schränkte den Wandel ein (23): Die Manager versahen zentrale Konzepte mit Bedeutungen, die Geschichten über Lebensmittel konstruierten, sodass im lokalen sprachlichen Kontext des MNU-spezifische assoziative Konnotationen auftraten, um den Wandel einzugrenzen.

Wir stellen folgende Hypothese auf: Je größer die Zahl der aufkommenden Narrative ist, desto mehr lädt das MNU zu Veränderungen in der vorherrschenden Managementerzählung ein.

Da das Management von McDonald's seine Strategien und die Systeme auf maximalen Nutzen ausgerichtet hat, hat es möglicherweise auch die Narrative der Manager gestärkt (24).

Bei McDonald's haben Änderungen der Umstände wie das Bewusstsein für Fettleibigkeit möglicherweise auch die Narrative des Managements obsolet gemacht; dennoch arbeiteten die Manager weiter, als ob die alten Narrative die veränderten Umstände erklärten (25).

Wir stellen folgende Hypothese auf: Je stärker das Management in seinem Narrativ versteinert ist, desto eher übersieht es widersprüchliche Aussagen, was dazu führt, dass es ersetzt wird, damit das Unternehmen weiterhin erfolgreich sein kann.

Schlussfolgerungen

Diese Sichtweise stellt das vorherrschende IB-Paradigma (IB = „international business") von multinationalen Unternehmen als Hierarchien mit allwissenden Managern, die für andere Stakeholder sprechen, in Frage; stattdessen wird der gesättigte Bereich rund um den Internationalisierungsprozess zu einem pluralistischen, polyphonen, lokal-globalen Umfeld, das mehrere Standpunkte einschließt, die in erfolgreichen Narrativen zum Ausdruck kommen.

Die Geschichten von McDonald's überspannten nationale Raum-Zeit-Grenzen, um dominante Narrative zu stärken oder zu stürzen, was darauf hindeutet, dass Internationalisierung als komplexer organisatorischer Prozess auch die Aushandlung einer kulturellen Identität über Ländergrenzen hinweg beinhaltet, wie Yagi und Kleinberg [26] vorschlagen.

Ähnlich wie bei den Beobachtungen zur Internationalisierung von Ikea (27) ermöglichten die Narrative bei den Produkten von McDonald's Marktveränderungen auf einer niedrigeren Ebene, die gelegentlich zu Veränderungen in den vorherrschenden Narrativen auf einer höheren Ebene führten.

Durch das Erkennen des Zusammenspiels interner und externer Faktoren, die sich auf eine erfolgreiche Internationalisierung auswirken, zeigten die Manager von McDonald's, wie Anpassungsbedarf entsteht und wie die Manager diesen durch Verweise auf die Vergangenheit und die Zukunft in der Gegenwart rechtfertigen.

Hinweis

Maschinell erstellte Zusammenfassung basierend auf der Arbeit von C.V. Usha Haley, ; David M. Boje, David, 2014, im Journal of International Business Studies.

Literatur

1. Schoenberg NE, Claudia H, Christian A, Knight EA, Rubio A (2008) An in-depth and updated perspective on determinants of cervical cancer screening among central Appalachian women. Women Health 42(2):89–105.
2. Bass, B. M. (1998). The ethics of transformationalleadership. In J. B. Ciulla (Ed.), Ethics. The heart of leadership (pp. 169–192). Westport, CT: Praeger.
3. Bass, B. M., & Steidlmeier, P. (1999). Ethics, character, and authentic transformational leadership behavior. The Leadership Quarterly, 10(2), 181–208.
4. Brown, M. E., & Treviño, L. K. (2006). Ethical leadership: A review and future directions. The Leadership Quarterly, 17, 595–616.
5. Berger, P. L., & Luckmann, T. (1966). The social construction of reality. New York: Doubleday.
6. Fairhurst, G. T., & Grant, D. (2010). The social construction of leadership: A sailing guide. Management Communication Quarterly, 24, 171–210.
7. Collinson, C., & Mackenzie, A. (1999). The power of story in organisations. Journal of Workplace Learning, 11(1), 38–40.
8. Denning, S. (2004). Telling tales. Harvard Business Review, 82(5), 122–129.
9. Parkin, M. (2004). Using storytelling to develop people and organizations. London/Sterling, IL: Kogan Page Limited.
10. Brown, J., Groh, K., Prusak, L., & Denning, S. (2005). Storytelling in organizations. Burlington: Butterworth-Heinemann.
11. Wrong, D. (2004). Power. Its forms, bases and uses. London: Basil Blackwell.
12. Driscoll, C., & McKee, M. (2007). Restoring a culture of ethical and spiritual values: A role for leader storytelling. Journal of Business Ethics, 73, 205–217.
13. Clements, C., & Washbush, J. B. (1999). The two faces of leadership: Considering the dark side of leader-follower dynamics. Journal of Workplace Learning, 11, 170–175.

14. Skinner, B. F. (1957). Verbal Behavior. New York: Appleton-Century-Crofts.
15. Robinson, T. L. (2005). The convergence of race, ethnicity, and gender: multiple identities in counseling (2nd ed.). Upper Saddle River: Pearson Merrill Prentice Hall.
16. Diemer, M. A. (2007). Two worlds: African American men's negotiation of predominantly White educational and occupational worlds. Journal of Multicultural Counseling and Development, 35, 2–14.
17. Englar-Carlson, M., & Shepard, D. S. (2005). Engaging men in couples counseling: strategies for overcoming ambivalence and inexpressiveness. The Family Journal: Counseling and Therapy for Couples and Families, 13(4), 383–391.
18. Maples, M. F., Dupey, P., Torres-Rivera, E., Phan, L. T., Vereen, L., & Garrett, M. T. (2001). Ethnic diversity and the use of humor in counseling: appropriate or inappropriate? Journal of Counseling and Development, 79, 53–60.
19. Robinson, D. T., & Smith-Lovin, L. (2001). Getting a laugh: gender, status, and humor in task discussions. Social Forces, 80(1), 123–158.
20. Gabriel, Y. (2000). Storytelling in organizations: Facts, fiction and fantasies. Oxford: Oxford University Press.
21. Bowman, E. H., & Hurry, D. 1993. Strategy through the option lens: An integrated view of resource investments and the incremental-choice process. Academy of Management Review, 18 (4): 760–782.
22. Morson, G. S. 1994. Narrative and freedom. New Haven, CT: Yale University Press.
23. Näslund, L., & Pemer, F. 2012. The appropriated language: Dominant stories as a source of organizational inertia. Human Relations, 65 (1): 89–110.
24. Sabherwal, R., Hirschheim, R., & Goles, T. 2001. The dynamics of alignment: Insights from a punctuated equilibrium model. Organization Science, 12 (2): 179–197.
25. Starbuck, W. H., & Milliken, F. J. 1988. Challenger: Fine-tuning the odds until something breaks. Journal of Management Studies, 25 (4): 319–340.
26. Yagi, N., & Kleinberg, J. 2011. Boundary work: An interpretive ethnographic perspective on negotiating and leveraging cross-cultural identity. Journal of International Business Studies, 42 (5): 629–653.
27. Jonsson, A., & Foss, N. J. 2011. International expansion through flexible replication: Learning from the internationalization experience of IKEA. Journal of International Business Studies, 42 (9): 1079–1102.
28. Fraser, Kimberly D., Hannah M. O'Rourke, Harold Wiens, Jonathan Lai, Christine Howell, and Pamela Brett-Maclean. 2015. "A Scoping Review of Research on the Arts, Aging, and Quality of Life." *The Gerontologist* 55(4): 719–729. https://doi.org/10.1093/geront/gnv027.
29. Young, Rhea, Paul M. Camic, and Victoria Tischler. 2016. "The impact of community-based arts and health interventions on cognition in people with dementia: a systematic literature review." *Aging & Mental Health* 20(4): 337–351. https://doi.org/10.1080/13607863.2015.1011080.
30. de Leeuw, Sarah, Margot W. Parkes, Vanessa Sloan Morgan, Julia Christensen, Nicole Lindsay, Kendra Mitchell-Foster, and Julia Jozkow Russell. 2017. "Going unscripted: A call to critically engage storytelling methods and methodologies in geography and the medical-health sciences." *The Canadian Geographer* 61: 152–164. https://doi.org/10.1111/cag.12337.
31. Pennebaker, James W. and Janel D. Seagal. 1999. "Forming a story: The health benefits of narrative." *Journal of Clinical Psychology* 55: 1243–1254.
32. Chonody, Jill and Donna Wang. 2013. "Connecting Older Adults to the Community Through Multimedia: An Intergenerational Reminiscence Program." *Activities, Adaptation & Aging* 37(1): 79–93. https://doi.org/10.1080/01924788.2012.760140.
33. DeSouza, Elza. 2007. "Intergenerational Interaction Through Reminiscence Processes." *Journal of Intergenerational Relationships* 5(1): 39–56. https://doi.org/10.1300/j194v05n01_04.

34. Stanton, Ged and Pip Tench. 2003. "Intergenerational Storyline Bringing the Generations Together in North Tyneside." *Journal of Intergenerational Relationships* 1(1): 71–80. https://doi.org/10.1300/j194v01n01_07.
35. Whitehouse, Peter J. and Daniel George. 2008. *The myth of Alzheimer's*. New York: St Martin's Press. Whitehouse, Peter J. and Daniel George. 2009. "Banking on stories for healthier cognitive ageing." *The Lancet* 373(9670): 1166–1167. https://doi.org/10.1016/S0140-6736(09)60672-3.
36. Zucchero, Renee A. 2010. "Share Your Experience and I'll Lend You My Ear: Older Adult Outcomes of an Intergenerational Service-Learning Experience." *Gerontology & Geriatrics Education* 31(4): 383–402. https://doi.org/10.1080/02701960.2010.528275.
37. Heyn, Patricia C., Suzanne Meeks, and Rachel Pruchno. 2019. "Methodological Guidance for a Quality Review Article." *Gerontologist* 59(2): 197–201. https://doi.org/10.1093/geront/gny123.
38. Martins, Teresa, Luís Midão, Silvia Martínez Veiga, Lisa Dequech, Grazyna Busse, Mariola Bertram, Alix McDonald, Gemma Gilliand, Carmen Orte, Marga Vives, and Elísio Costa. 2019. "Intergenerational Programs Review: Study Design and Characteristics of Intervention, Outcomes, and Effectiveness." *Journal of Intergenerational Relationships* 17(1): 93–109. https://doi.org/10.1080/15350770.2018.1500333.
39. Anderson, Sharon, Janet Fast, Norah Keating, Jacquie Eales, Sally Chivers, and David Barnet. 2016. "Translating Knowledge: Promoting Health Through Intergenerational Community Arts Programming." *Health Promotion Practice* 18(1): 15–25. https://doi.org/10.1177/1524839915625037.
40. Anstadt, Scott P. 2009. "Community Connections: An Intergenerational and Multicultural Community Group Program." *Journal of Intergenerational Relationships* 7(4): 442–446. https://doi.org/10.1080/15350770903288795.
41. Bartlett, Jan R. 2005. "An Intergenerational Retreat Revisited: Adolescent Girls and Older Women Share the Residual Impressions of a Single-Gender Group Experience on Female Development Four Years Later." *Journal of Intergenerational Relationships* 3(2): 23–41. https://doi.org/10.1300/j194v03n02_03.
42. Bauer-Gatsos, Sheila and Catherine Samatas. 2017. "Collecting Life Stories: A Collaboration." *Journal of Intergenerational Relationships* 15(2): 188–194. https://doi.org/10.1080/15350770.2017.1294440.
43. Chippendale, Tracy and Marie Boltz. 2015. "Living Legends: Effectiveness of a Program to Enhance Sense of Purpose and Meaning in Life Among Community-Dwelling Older Adults." *American Journal of Occupational Therapy* 69(4): 1–11. https://doi.org/10.5014/ajot.2015.014894.
44. Davis, Dylan. 2011. "Intergenerational digital storytelling: A sustainable community initiative with innercity residents." *Visual Communication* 10(4): 527–540. https://doi.org/10.1177/1470357211415781.
45. Davis, Hilary, Frank Vetere, Peter Francis, Martin Gibbs, and Steve Howard. 2008. "'I Wish We Could Get Together': Exploring Intergenerational Play Across a Distance via a 'Magic Box'." *Journal of Intergenerational Relationships* 6(2): 191–210. https://doi.org/10.1080/15350770801955321.
46. Fletcher, Sarah and Jennifer Mullett. 2016. "Digital stories as a tool for health promotion and youth engagement." *Canadian Journal of Public Health* 107(2): e183–e187. https://doi.org/10.17269/cjph.107.5266.
47. Flottemesch, Kim. 2013. "Learning Through Narratives: The Impact of Digital Storytelling on Intergenerational Relationships." *Academy of Educational Leadership Journal* 17(3): 53–60.
48. Gaggioli, Andrea, Luca Morganti, Silvio Bonfiglio, Chiara Scaratti, Pietro Cipresso, Silvia Serino, and Giuseppe Riva. 2014. "Intergenerational Group Reminiscence: A Potentially Effective Intervention to Enhance Elderly Psychosocial Wellbeing and to Improve Children's Perception of Aging." *Educational Gerontology* 40(7): 486–498. https://doi.org/10.1080/03601277.2013.844042.

49. Kiełkiewicz-Janowiak, Agnieszka. 2012. "Narratives in intergenerational communication: Collaborating with the other." *Poznań Studies in Contemporary Linguistics* 48: 77–101. https://doi.org/10.1515/psicl-2012-0004.
50. Loe, Meika. 2013. "The Digital Life History Project: Intergenerational Collaborative Research." *Gerontology & Geriatrics Education* 34(1): 26–42. https://doi.org/10.1080/02701960.2012.718013.
51. Momper, Sandra L., Mary Kate Dennis, and Amelia C. Mueller-Williams. 2017. "American Indian elders share personal stories of alcohol use with younger tribal members." *Journal of Ethnicity in Substance Abuse* 16(3): 293–313. https://doi.org/10.1080/15332640.2016.1196633.
52. Nussbaum, Jon F. and Lorraine M. Bettini. 1994. "Shared Stories of the Grandparent-Grandchild Relationship." *The International Journal of Aging and Human Development* 39(1): 67–80. https://doi.org/10.2190/7WPK-LM6C-QCA4-GQ4R.
53. Pasupathi, Monisha, Risha M. Henry, and Laura L. Carstensen. 2002. "Age and ethnicity differences in storytelling to young children: Emotionality, relationality and socialization." *Psychology and Aging* 17(4): 610–621. https://doi.org/10.1037//0882-7974.17.4.610.
54. Powers, William G., Brenda Bailey-Hughes, and Mathew Ranft. 1989. "Senior Citizens as Educational Resources." *Educational Gerontology* 15(5): 481–487. https://doi.org/10.1080/0380127890150504.
55. Tabuchi, Megumi and Asako Miura. 2015. "Young People's Reactions Change Elderly People's Generativity and Narratives: The Effects of Intergenerational Interaction on the Elderly." *Journal of Intergenerational Relationships* 13(2): 118–133. https://doi.org/10.1080/15350770.2015.1026298.
56. Tabuchi, Megumi and Asako Miura. 2016. "Intergenerational interactions when transmitting wisdom from older to younger generations." *Educational Gerontology* 42(8): 585–592. https://doi.org/10.1080/03601277.2016.1205392.
57. Thang, Leng Leng. 2006. "'A Message on Life to the Young': Perceiving a Senior Volunteer Activity in Japan from an Intergenerational Perspective." *Journal of Intergenerational Relationships* 3(4): 5–22. https://doi.org/10.1300/J194v03n04_02.
58. Thomson, Deborah Morrison. 2009. "'Are We There Yet?': Challenging Notions of Age and Aging Through Intergenerational Performance." *Journal of Aging, Humanities, and the Arts* 3(2): 115–133. https://doi.org/10.1080/19325610902833254.
59. Sehrawat, Seema, Celeste A. Jones, Jennifer Orlando, Tucker Bowers, and Alexi Rubins. 2017. "Digitalstorytelling: A tool for social connectedness." *Gerontechnology* 16(1): 56–61. https://doi.org/10.4017/gt.2017.16.1.006.00.

Storytelling und Bildung

2

Neeraj Karandikar

Schlüsselwörter

digital · Schüler · Klassenzimmer · digitales Storytelling · digitale Geschichte · Bildung · Technologie · Kindheit · frühe Kindheit · Bildung · Lehrer · interaktiv · Erziehung

Digitales Storytelling als schülerzentrierte Pädagogik: SchülerInnen befähigen, ihre Zukunft zu gestalten

DOI: https://doi.org/10.1186/s41039-017-0061-9

Abstract – Zusammenfassung

Das als „unengagiert" beschriebene Projekt zum digitalen Storytelling hat das Machtverhältnis zwischen Lehrern und Schülern neu definiert, und die Schüler reagierten darauf, indem sie Arbeiten produzierten, die meinungsstark und eindringlich waren und eine gründliche Auseinandersetzung mit akademischen Praktiken mithilfe von Technologien demonstrierten.

Wir beschreiben das Projekt und die Art und Weise, wie die Schüler in ihren digitalen Geschichten über ihre Ausbildung und ihre Zukunft sprechen.

N. Karandikar (✉)
Nashik, Indien

Wir gehen davon aus, dass Lehrkräfte durch den sinnvollen Einsatz von Technologien im Unterricht allen Schülern, auch denjenigen, die nicht dem Mainstream zuzuordnen sind, eine effektivere, leistungsfähigere und ansprechendere Pädagogik bieten können.

Einleitung

Wir zeigen hier, dass die Arbeit mit den Geschichten der Schülerinnen und Schüler über das digitale Storytelling dieser Lehrerin die Möglichkeit bot, sich in pädagogischen Aktivitäten zu engagieren, die auch die Kritik und Infragestellung normativer und restriktiver Erwartungen, Überzeugungen und Werte, die den Schülerinnen und Schülern im ländlichen Raum auferlegt sind, beinhalteten.

Wir stellen diese Schülerarbeiten vor, um zu veranschaulichen, wie wir digitale Geschichten nutzen können, um zu erörtern, wie Schüler Chancen wahrnehmen, Hindernisse überwinden und Bildungsungerechtigkeit in ihrer Schule benennen, und zwar auf eine Art und Weise, die sie ermutigt, ihre eigenen Ziele und Zukunftswünsche zu bestimmen und zu hinterfragen.

Smyths (2) lernerzentrierte Politikkonstellation dient als Rahmen für unsere Diskussion über die Eignung des digitalen Storytellings als Technologie für marginalisierte SchülerInnen, um die Dynamik im Klassenzimmer vom lehrerzentrierten Unterricht zum schülerzentrierten Lernen zu verlagern.

Wir wenden die Theorie der kritischen Alphabetisierung auf den Unterrichtskontext weißer, ländlicher Jugendlicher an, um die Wirksamkeit des digitalen Storytellings als Instrument zur Neupositionierung der Machtverhältnisse zwischen Lehrern und Schülern zu bewerten.

Methoden

Vor dem Projekt erstellten sowohl die Lehrerin Frau Lane als auch die Forscherin digitale Geschichten unter Verwendung derselben schriftlichen Anweisungen und Aufforderungen, die den Schülern zur Verfügung gestellt wurden.

Den Schülerinnen und Schülern wurden die folgenden Aufgaben zum digitalen Erzählen ihrer Geschichten gestellt:

Erzählen Sie eine Geschichte, die veranschaulicht, wie Ihrer Einschätzung nach Ihre High-School-Ausbildung Sie auf Ihr Leben nach der High-School vorbereitet hat bzw. nicht vorbereitet hat.

Erzählen Sie eine Geschichte, die veranschaulicht, was Schulverwalter, Lehrer und politische Entscheidungsträger über Sie wissen müssen, um die Schule zu einem besseren Ort für andere Schüler zu machen.

Erzählen Sie eine Geschichte, die veranschaulicht, inwiefern die Schule Ihr Leben außerhalb der Schule widerspiegelt und warum dies wichtig oder nicht wichtig ist.

Zum größten Teil schienen die digitalen Geschichten für ein unbekanntes Publikum bestimmt zu sein, obwohl sich einige an das Schulpersonal und die Verwaltung richteten. Das mag an den Aufforderungen gelegen haben oder daran, dass die digitalen Geschichten eine Schulaufgabe waren und die Schülerinnen und Schüler wussten, dass sie von Frau Lane und dem Schulleiter begutachtet werden würden.

Ergebnisse

In seiner digitalen Geschichte schreibt Sam: „Die Schülerinnen und Schüler, die jetzt zur Schule gehen, sind die Führungskräfte von morgen und müssen bereit sein, den nächsten Schritt in Richtung Universität zu machen, und ich denke, wenn sich die Schülerinnen und Schüler im Unterricht langweilen, werden sie sich eher nicht für ein Universitätsstudium interessieren … die Schülerinnen und Schüler werden denken, dass die Universität genauso langweilig sein wird wie die High School."

Dies zeigt sich auch in den Geschichten, in denen sich die Schüler nicht auf ihre Zukunftswünsche konzentrieren, sondern auf die Veränderungen, die sie an ihrer High School sehen möchten.

Die digitalen Geschichten der Schülerinnen und Schüler weisen auf die Veränderungen hin, die sie in den Schulen sehen möchten, und es gibt einige wiederkehrende Themen, darunter die „Nützlichkeit" des Lehrplans (z. B. „Ich denke, wir sollten nur Unterrichtsfächer haben, die für die von uns angestrebten Berufe nützlich sind"), die Beziehungen zu den Lehrkräften (z. B. „Die Lehrer müssen eine positive Einstellung zum Unterrichten der Schülerinnen und Schüler haben") und die Beteiligung (z. B. „Die Schülerinnen und Schüler sollten aktiver sein").

Diskussion

Dieses Projekt wurde zwar mit weißen Jugendlichen aus ländlichen Gebieten der USA durchgeführt, wie man an vielen der digitalen Geschichte sehen kann, aber es bot den Schülern die Möglichkeit, über ihre Position im Bildungssystem, ihre Zukunft und die Machtdynamik, die dabei im Spiel ist, nachzudenken.

Je besser Pädagogen ihre Unterrichtsprogramme so kontextualisieren können, dass sie für marginalisierte Schülerinnen und Schüler einen lokal angepassten Lernprozess schaffen, desto besser sind deren Sprach- und Leseleistungen und desto wahrscheinlicher ist es, dass sie ihre Schulbildung als nachvollziehbar und relevant empfinden.

Wie anhand von Smyths (2) Konstellation gezeigt wurde, kann ein digitales Storytelling-Projekt ein effektiver Ansatz sein, um SchülerInnen einzubinden. Es bietet einen fruchtbaren Raum, um Beziehungen zwischen LehrerInnen und SchülerInnen zu entwickeln und SchülerInnen dazu einzuladen, an der Gestaltung relevanter Lernmaterialien und ihrer zukünftigen Bildungswege mitzuwirken.

Schlussfolgerungen

Wir brauchen Lehrkräfte und Verwaltungsangestellte, die ihre SchülerInnen kennen und ihre Zukunftswünsche berücksichtigen, damit die High-School-Jahre für die Schüler eine Zeit sind, in der sie ihre Fähigkeiten und Leidenschaften so entwickeln können, wie sie ihnen in der Zukunft nützlich sein werden.

Durch digitales Storytelling und die Erkundung der Zukunft der SchülerInnen können wir uns gemeinsam vorstellen, Schulen als Orte neu zu gestalten, die die Wünsche und Bedürfnisse der SchülerInnen unterstützen, inspirieren und fördern, indem wir alle Beteiligten – einschließlich der SchülerInnen – in die Bildungsgespräche einbeziehen (Fine und Weis, 3).

Durch die Nutzung der Technologie und die Einbeziehung der SchülerInnen in die Arbeit, die eine kritische Untersuchung der Bildungsunterstützung und der Einschränkungen, die die SchülerInnen in ihrem Leben wahrnehmen, einschließt, können die High Schools dieser Bevölkerungsgruppe vielleicht besser dienen, sodass zukünftige SchülerInnen, wenn sie gefragt werden, sagen werden: Die High School ist nützlich, ansprechend und bringt mich dazu, der Mensch zu werden, der ich sein möchte.

Hinweis

Maschinell erstellte Zusammenfassung basierend auf der Arbeit von Staley, Bea; Freeman, Leonard A., 2017, in Research and Practice in Technology Enhanced Learning.

Förderung von Erzählaktivitäten zur Unterstützung der frühen (digitalen) Lese- und Schreibentwicklung in der frühkindlichen Bildung

DOI: https://doi.org/10.1007/s13158-020-00263-7

Abstract – Zusammenfassung

Die vorliegende Studie untersuchte die Auswirkungen eines strukturierten Ansatzes zum Geschichtenerzählen auf die Entwicklung der Lese- und Schreibfähigkeiten von Kleinkindern.

In einem Klassenzimmer gingen die Kinder ihren normalen Lese- und Schreibaktivitäten nach.

In einem zweiten Klassenzimmer wurde die Lese- und Schreibentwicklung durch das Erzählen von Geschichten und damit verbundene spielerische Aktivitäten gefördert,

2 Storytelling und Bildung

während sich die Kinder im dritten Klassenzimmer mit digitalen Erzählungen und Aktivitäten beschäftigten.

Die Ergebnisse zeigten, dass die beiden Formen des Geschichtenerzählens die Lese- und Schreibfähigkeiten der Kinder deutlich verbessern.

Strukturierte Aktivitäten zum Erzählen von Geschichten sind ein praktikabler und wertvoller Weg, um die Lese- und Schreibfähigkeit und die digitale Kompetenz in der frühkindlichen Bildung zu fördern.

Einleitung

Die vorliegende Studie beschreibt eine Reihe von Aktivitäten, die speziell zur Unterstützung der Entwicklung von Lese- und Schreibkompetenzen in der frühkindlichen Bildung entwickelt wurden.

Der Ansatz, eine Reihe von Aktivitäten zu entwickeln, die eine eher formale Art des Unterrichts mit dem Geschichtenerzählen verbinden, und die Auswirkungen auf die Lese- und Schreibfähigkeiten und die digitalen Fähigkeiten in der frühkindlichen Bildung zu bewerten, ist neu.

Ansätze des Geschichtenerzählens in der frühkindlichen Bildung beschränkten sich auf traditionelle Formen des textbasierten Lesens und Schreibens, bei denen andere Ressourcen wie Puppen oder geschichtenbezogene Objekte und digitalisierte Medien nur gelegentlich verwendet wurden (Boltman und Druin 4).

Die Ermittlung früher digitaler Kompetenzen ist von Ngs (5) Unterscheidung zwischen einer technischen, kognitiven und sozio-emotionalen Dimension abgeleitet.

In Bezug auf die zweite Forschungsfrage untersuchte die vorangegangene Studie die Entwicklung der digitalen Kompetenz für alle Kinder in der Studie in drei Klassenräumen.

Methoden

Die Bewertung dieser Fähigkeit erfolgte folgendermaßen: Zunächst wurde dem Kind eine einzelne Seite gezeigt, auf der die 26 Buchstaben des Alphabets in zufälliger Reihenfolge dargestellt waren.

Die Bewertung der zu eruierenden Fähigkeit umfasste: Das erste Merkmal war das Erkennen von Namen in gedruckter Form, das Stimulusmaterial war die Namensliste der Kinder im Klassenzimmer.

Die im Rahmen der digitalen Kompetenz gemessenen sozial-emotionalen Fähigkeiten umfassten Items, die die Fähigkeit des Kindes betrafen, über digitale Plattformen mit anderen über sich selbst zu kommunizieren (Ng 5).

Beim zweiten Item wurde das Kind gebeten, Gesprächsregeln zu nennen.

Der Early Digital Literacy Test wurde ebenfalls vor und nach der Intervention durchgeführt.

Der Early Digital Literacy Test dauerte 25–35 Minuten pro Kind.

Während der Interventionsphase nahmen die Kinder in der Kontrollgruppe an ihren regulär über die Woche stattfindenden Aktivitäten teil, die von ihrer Klassenlehrerin oder ihrem Klassenlehrer in Anwesenheit des Studienleiters geleitet wurden.

Ergebnisse

Post-hoc-Tests zeigten einen statistisch signifikanten und großen Unterschied im Vergleich der Ergebnisse zwischen der Kontroll- und der Erzählbedingung, $U(37) = 66,50$, $z = 1,804$, $p = 0,0365$ (einseitig), $r = 0,51$.

Es gab einen statistisch signifikanten und großen Unterschied im Vergleich zwischen der Kontrollgruppe und der Gruppe mit den digital erzählten Geschichten, $U(32) = 203,50$, $z = 2,863$, $p = 0,0015$ (einseitig), $r = 0,50$.

Bei den Post-test-Ergebnissen gibt es nur zwischen der Kontrollgruppe und der Gruppe mit den digital erzählten Geschichten keine Überschneidungen.

Die ANOVA (einfaktorielle Varianzanalyse) zeigte, dass es keine statistisch signifikanten Unterschiede zwischen den Bedingungen im Vortest zur frühen digitalen Kompetenz gab, $F(2,50) = 1,008$, $p = 0,372$.

Im Post-test-Resultat überschneiden sich die Ergebnisse der Kontrollbedingung und der digital oder nicht digital erzählten Geschichten nicht.

Diskussion

Die Prozesse des Geschichtenerzählens wurden mit den neun Unterrichtsereignissen von Gagné (Smith und Ragan 6) bei der Durchführung von spielerischen Aktivitäten zur Förderung der frühen Lese- und Schreibkompetenz kombiniert.

In der Studie wurde untersucht, ob diese Ansätze eine Veränderung bei den Lernergebnissen im Bereich der frühen Lese- und Schreibfähigkeiten und der frühen digitalen Kompetenz wirksam unterstützen können.

In der vorliegenden Studie wurde eine stärkere Entwicklung der Lese- und Schreibfähigkeit in den beiden Versuchsgruppen im Vergleich zur Kontrollgruppe festgestellt.

Die Studie ergab, dass sich die digitale Kompetenz unter den experimentellen Bedingungen stärker entwickelte als unter den Kontrollbedingungen.

Was die Entwicklung der Lese- und Schreibfähigkeit betrifft, so war der Unterschied statistisch signifikant.

Das Fehlen eines Unterschieds zwischen den beiden Versuchsbedingungen könnte auf die vergleichbaren Aktivitäten unter diesen Bedingungen zurückzuführen sein.

Die Studie wurde auch durch die Tatsache eingeschränkt, dass die Aktivitäten beim Geschichtenerzählen vom Untersuchungsleiter geleitet wurden, während die regulären Aktivitäten in der Kontrollbedingung von der Klassenlehrerin unterrichtet wurden.

Schlussfolgerungen

Wir sind der Ansicht, dass effektives Geschichtenerzählen von fünf Schlüsselmerkmalen der Geschichten abhängt (d. h. Schauplatz, Thema, Figuren, Handlung und Konflikt), anhand derer Kinder ein Schema hinsichtlich Geschichten erwerben, das das spätere Leseverständnis unterstützt.

Ein effektives digitales Geschichtenerzählen erfordert auch die Beachtung der Personalisierung, eines bestimmten Blickwinkels, einer dramatischen Frage, eines emotionalen Inhalts, um den Stoff zu personalisieren, einer lebhaften Stimme, eines Soundtracks, einer sparsamen Präsentation und des Erzähltempos (Robin 7).

Die vorliegende Studie hat den empirischen Beweis erbracht, dass ein Rahmen, in dem eine Mischung aus strukturiertem Unterricht mit dem Erzählen von Geschichten und spielerischen Aktivitäten, sowohl in mündlicher als auch in digitaler Form, die Entwicklung der Lese- und Schreibkompetenz von Kindern wirksam unterstützen kann.

Hinweis

Maschinell erstellte Zusammenfassung basierend auf der Arbeit von Maureen, Irena Y.; van der Meij, Hans; de Jong, Ton, 2020, im International Journal of Early Childhood.

Erforschung des Einsatzes von interaktiven digitalen Erzählvideos: Förderung des studentischen Engagements und Lernens in einem Hybridkurs an der Universität

DOI: https://doi.org/10.1007/s11528-016-0082-z

Abstract – Zusammenfassung

Diese Studie untersucht das interaktive digitale Storytelling in einem hybriden Universitätskurs.

Wenn digitales Storytelling als Hauptquelle für Kursinhalte verwendet wird, entstehen Spannungen in Bezug auf die Frage, wie man die SchülerInnen zum Lernen anregen und unterstützen kann, während sie gleichzeitig für das Ansehen des Videos verantwortlich sind.

Es handelt sich um einen hybriden Nachhaltigkeitskurs für angehende Lehrer, bei dem digitale Geschichten in einem konventionellen Format verwendet wurden, bei dem die Studenten das Video nach Belieben starten, stoppen und anhalten konnten, sowie in einem interaktiven Format mit denselben Funktionen und zusätzlich vorprogrammierten Pausen für erforderliche Verständnisprüfungen.

Eine Umfrage unter den Studenten (n = 223) ergab, dass sie der Meinung sind, dass interaktive digitale Geschichten das Engagement fördern, das Lernen unterstützen und den Lernzuwachs steigern, aber nicht die Verantwortlichkeit erhöhen.

Lernen durch digitales Storytelling

Digitale Geschichten unterscheiden sich von herkömmlichen Videos dadurch, dass sie einem pädagogischen Zweck dienen, von Lehrkräften und Schülern einfach und kostengünstig produziert werden können und eine einzigartige Reihe von Geschichten erzählen, die von Menschen berichtet werden, die selbst mit den Inhalten verbunden sind.

Ein interdisziplinäres Team, das Inhaltsexpertise, Forschung, Pädagogik und Video-/Grafikdesign abdeckte, hat ein digitales Storytelling-Video für den Online-Teil eines 15-wöchigen Hybridkurses – "Sustainability Science for Teachers (SSFT)" – erstellt.

Als Hauptinhalt für den Online-Teil wurde ein digitales Storytelling-Video verwendet, weil es folgende praktische Vorteile bietet: (a) es konnte einfach und kostengünstig produziert werden, (b) es nutzte einzigartige Wissensquellen von Forschern und Pädagogen, die ihre jeweiligen Beiträge leisteten, (c) es war für Studierende mit Online-Zugang leicht zugänglich, (d) es konnte archiviert und über mehrere Semester hinweg verwendet werden und stand den Studierenden auch im weiteren Verlauf und in der Zukunft zur Verfügung, (e) es gewährleistete eine konsistente Präsentation der Inhalte durch verschiedene Kursleiter und (f) es fand bei den angehenden Lehrern Anklang, da digitales Storytelling ein gängiges Bildungsinstrument ist.

Interaktives digitales Storytelling

Mit Blick auf das Gesamtwerk können die interaktiven Videofunktionen folgende Möglichkeiten bieten: Wiederholen oder Überspringen von Videokapiteln und -inhalten, Pausieren, um den Inhalt zu verarbeiten, Verwendung elektronischer Indizes zur Unterstützung weiterer Nachforschungen, Beantwortung elektronischer Pop-up-Fragen, um den Fokus zu lenken und/oder das Verständnis zu überprüfen, Aufforderung an die Studenten, auszuwählen, welche Informationen als Nächstes gelernt werden sollen (Schwan und Riempp 8) Für die aktuelle Studie definieren wir interaktives digitales Storytelling als Video, das Unterstützungsfunktionen enthält, um die Studenten zur aktiven Auseinandersetzung mit dem Inhalt aufzufordern, und das so konzipiert ist, dass es die Lernerfahrung auf die individuellen Bedürfnisse der Studierenden abstimmt.

Ziel dieser Studie war es, den Einsatz interaktiver digitaler Erzählvideos zu untersuchen, um das Engagement der Studentinnen und Studenten zu erhöhen, ihren Lernprozess zu unterstützen, Lernfortschritte zu fördern und die sie selbst für das Betrachten der Online-Inhalte verantwortlich zu machen.

Methode

Etwa die Hälfte des Semesters waren die Studierenden mit interaktiven digitalen Storytelling-Videos beschäftigt, die andere Hälfte mit herkömmlichen Videos.

Der einzige Unterschied zwischen den beiden Formaten bestand darin, dass bei dem interaktiven Format das Video so programmiert war, dass es nach der Präsentation wichtiger Informationen mit einer Quizfrage auf dem Bildschirm pausierte.

Dies wurde durch die Integration des interaktiven Video-Tools HapYak erreicht, mit dem die Quizfragen in das bestehende Video eingefügt werden konnten, sodass die Antwortdaten der Studenten erfasst werden konnten.

Im herkömmlichen Format sahen die Studenten dasselbe Video ohne die eingebetteten Quizfragen und Pausen.

Bei beiden Formaten waren Struktur und Inhalt der Quizfragen einheitlich, und die Studierenden konnten die Fragen vor dem Quiz als Lernhilfe während des Videos abrufen.

Am Ende des Kurses wurden die 398 eingeschriebenen Studierenden zu ihren Erfahrungen mit den digitalen Erzählformaten befragt.

Limitationen

Eine Einschränkung dieser Studie – und der auf Umfragen basierenden Forschung im Allgemeinen – besteht darin, dass die selbstberichteten Überzeugungen der Teilnehmer nicht unbedingt ihre Handlungen oder beobachtbaren Erfahrungen widerspiegeln (Fowler 9).

Eine zweite Einschränkung betrifft die möglichen Verzerrungen, die mit den vom Forscher kodierten qualitativen Antworten assoziiert sind.

Obwohl wir alle Kodierungskonflikte zwischen den Forschern besprochen haben, ist es aufgrund des qualitativen Charakters der Fragen schwierig, die Ergebnisse über den Kontext dieser Studie hinaus zu verallgemeinern.

Ergebnisse

In Übereinstimmung mit den Ideen, die im Likert-Teil der Umfrage vorgestellt wurden, äußerten sich die Studierenden in ihrem offenen Feedback dahingehend, dass das interaktive Video die Aufmerksamkeit, die Konzentration und das Engagement fördere, da jederzeit Fragen auftauchen könnten.

Das erste unvorhergesehene Unterthema war, dass interaktive digitale Geschichten den Studierenden dabei halfen, zu erkennen, welche Inhalte wichtig sind und wo diese Informationen im Video zu finden sind.

Einer von zehn Studenten (n = 18) gab an, dass sie durch das interaktive digitale Erzählvideo besser lernten oder dass sich ihr nachhaltiger Lernzuwachs in besseren Ergebnissen bei den interaktiven Quizfragen widerspiegelte.

Wir sammelten Antworten von 184 Teilnehmern, von denen 22 keine Lernnachteile durch die eingebetteten Quizfragen feststellten (z. B. allgemeine Bedenken bezüglich der digitalen Geschichten und Quizfragen, die nicht spezifisch für das interaktive Video waren).

Diskussion und Implikationen

Nimmt man die qualitativen und quantitativen Daten zusammen, so zeigt sich, dass die Studentinnen und Studenten der Meinung waren, dass interaktives digitales Storytelling ihr Engagement förderte, ihr Lernen unterstützte und den Lernfortschritt begünstigte.

Diese Ergebnisse stimmen mit den experimentellen Erkenntnissen überein, die darauf hindeuten, dass interaktive Videos den Lernfortschritt von Hochschulstudenten fördern, weil sie das Lernen aktiv, ansprechend und supportiv gestalten (Cherrett u. a. 10; Delen u. a. 11; Merkt u. a. 12; Merkt und Schwan 13; Zhang u. a. 14).

Die Untersuchung der Quiz-Ergebnisse der Studierenden für beide Formate ergab, dass die Schüler der Meinung sind, dass interaktive Videos mit einem kurzfristigen Lernzuwachs verbunden sind.

Die Äußerung der Studierenden, dass das interaktive Video einen langfristigen Lernfortschritt fördert, kann nicht durch Daten aus unserer Studie bestätigt werden.

Ein wichtiger Grund, warum wir uns für den Einsatz des interaktiven Videos entschieden haben, war eine größere Verantwortlichkeit der Studierenden für das Betrachten der Online-Inhalte und damit die Lösung eines wichtigen Problems, mit dem Online- und Hybridprogramme an Universitäten konfrontiert sind (O'Flaherty und Phillips 15).

Es bleibt die Frage offen, ob und wie interaktive Videos das Problem der pädagogischen Integrität angehen und sinnvolle und/oder dauerhafte Lerngewinne unterstützen können.

Hinweis

Maschinell erstellte Zusammenfassung basierend auf der Arbeit von Shelton, Catharyn C.; Warren, Annie E.; Archambault, Leanna M., 2016, in TechTrends.

Die Konstruktion „authentischer" Wissenschaft: Ergebnisse einer Zusammenarbeit zwischen Universität und High School unter Einbeziehung von digitalem Storytelling und sozialen Netzwerken

DOI: https://doi.org/10.1007/s11165-018-9699-6

2 Storytelling und Bildung

Abstract – Zusammenfassung

Diese Studie untersucht die Auswirkungen dieser Innovationen auf die Wahrnehmung von authentischer Wissenschaft durch SchülerInnen an High Schools und Colleges, einschließlich ihrer Beziehung zu wissenschaftszentrierten Gemeinschaften.

Wir fanden heraus, dass diese kollaborativen Werkzeuge die Wahrnehmung der SchülerInnen verstärkten, dass authentische Wissenschaft Kommunikation mit der Öffentlichkeit beinhaltet, und dass sie zusätzlich eine frühere Wahrnehmung der Bedeutung der Durchführung von Experimenten und der Präsentation von Ergebnissen vor ExpertInnen unterstützen.

Die Ansicht, dass Wissenschaft ein hochwertiges Wissen ist, wurde abgeschwächt, als die Schülerinnen und Schüler nicht-formale Kommunikationspraktiken in ihre Präsentationen integrierten, indem sie den Lernprozess hinter den Kulissen zeigten, Musik und jugendliche Diskursstile einbauten und emotionales Engagement an den Tag legten.

Eine Auswirkung dieser hybriden Präsentationsansätze war, dass die Schülerinnen und Schüler die Zugänglichkeit der Laborwissenschaften besser wahrgenommen haben.

Wir erörtern, wie der Einsatz von Technologien, die Jugendlichen vertraut sind, wie z. B. iPads, soziale Netzwerke und Multimedia-Präsentationen, das Potenzial haben, die Stimmen der Schüler in den Vordergrund zu stellen und eine integrativere Sichtweise der Wissenschaft zu fördern.

Einleitung

Einige Wissenschaftspädagogen und -forscher haben Möglichkeiten untersucht, wie schülerzentrierte Praktiken auf College-Ebene verstärkt eingesetzt werden können, damit die Schüler die Wissenschaft als Entdeckung von Wissen erleben (National Research Council 19).

Hinter diesem Fokus auf Authentizität steht die Annahme, dass eine Erhöhung des Niveaus wissenschaftlicher Untersuchungen und Forschungen im College-Unterricht dazu beitragen kann, den Studierenden die tatsächliche Praxis professioneller Wissenschaftler näher zu bringen.

Beim Streben nach authentischer Wissenschaft, wie sie von Wissenschaftlern praktiziert wird, gibt es einiges zu bedenken, denn im Klassenzimmer gelten andere Normen als in den Laboratorien der Wissenschaftler.

Anstatt eine Wissenschaft im Klassenzimmer anzustreben, die der Arbeit von Wissenschaftlern nur wenig ähnelt, ist es möglich, im Klassenzimmer die Entwicklung hybrider kultureller Praktiken zu kultivieren, indem Merkmale von Schüler- und Wissenschaftlergemeinschaften auf neuartige und kreative Weise kombiniert werden.

Hintergrund

Wir untersuchen die Aushandlung von Authentizität im Verlauf, wobei Studenten digital Geschichten über ihre Forschung erzählten und in einem sozialen Netzwerk mit Oberstufenschülern interagierten.

Es gibt zwar Studien, die sich mit den potenziellen Vorteilen und Problemen des Einsatzes von sozialen Netzwerken im naturwissenschaftlichen Unterricht an High Schools befassen (z. B. Dohn und Dohn 20), doch wurde bisher kaum untersucht, inwieweit diese Websites zu einer entstehenden Authentizität beitragen, die Schüler und Wissenschaftler einschließt.

Wir zeigen, wie die Veränderungen des Professors bei der Integration von Technologie zur Schaffung einer Gemeinschaft engagierter Kollegen mehr Ausdruck von Lernprozessen „hinter den Kulissen", emotionaler Verbundenheit und Bildungszielen für die College-Studenten ermöglichten, was sich auf den Abbau von Barrieren auswirkte, die Intensität ihrer Beteiligung erhöhte und zu einer entstehenden Authentizität führte.

Methodik

Da es nicht viele Studien gibt, die sich auf College-Kurse konzentrieren, in denen digitales Storytelling mit sozialen Netzwerken und einer High School/College-Partnerschaft kombiniert wird, ist diese Studie teilweise explorativ und soll die allgemeinen Auswirkungen auf die SchülerInnen, die Verbindungen zwischen den TeilnehmerInnen und die Vorstellungen von authentischer Wissenschaft untersuchen, die sich aus dieser Erfahrung ergeben.

Der Professor führte mehrere Änderungen im Kurs ein, um das Engagement der Studierenden durch den Einsatz von Technologie zu erhöhen. So nutzten die Studierenden iPads, um ihre Erfahrungen im Kurs zu dokumentieren und Videos ihres Projekts über das ganze Semester hinweg zu erstellen, anstatt ihre Erfahrungen im traditionelleren Format einer akademischen Forschungspräsentation zu vermitteln.

Zu den Datenquellen über die Erfahrungen der Studenten gehörten die von ihnen erstellten digitalen Geschichten, Videos und schriftliche Blogeinträge auf einem sozialen Bildungsnetzwerk (Edmodo), von ihnen ausgefüllte Online-Umfragen und während des Kurses erstellte Artefakte, einschließlich Aufsätzen mit ihren abschließenden Reflexionen.

Qualitative Ergebnisse

Das Video von Mia und Kayla zeigte die emotionalen Aspekte der Wissenschaft „hinter den Kulissen" durch einen Videostil, der an eine Reality-TV-Show erinnerte, in der die Teilnehmer an sich einer Art von Herausforderung beteiligen.

2 Storytelling und Bildung

Indem sie die „Höhen und Tiefen" der Geschichte von Mia und Kayla miterleben, können die Schülerinnen und Schüler der High School die Wissenschaft als für sie zugänglicher betrachten, da sie von echten Menschen mit ähnlichen Gefühlen, wie sie selbst sie auch haben, betrieben wird.

Die Antworten der Studenten auf die Fragen der Schüler in den Diskussionsforen zeigen ebenfalls Emotionen, Informalität und Zugang zu einem chaotischen „Backstage"-Prozess, während sie gleichzeitig mit wissenschaftlichen Inhalten durchsetzt sind.

Die College-Studenten mussten eine Frage beantworten, die die High-School-Schüler gestellt hatten, nämlich wie sie die richtigen Koordinaten für die Durchführung der Operation gefunden hatten.

Quantitative Ergebnisse

Die Studierenden bewerteten ihr Verständnis der Zusammenhänge zwischen den im Unterricht erarbeiteten Ideen und den Ideen aus anderen Fachbereichen am Ende des Semesters höher [M = 5,4] als bei der Vorbefragung ([M = 4,6] t = −3,207, p = 0,011).

Die Studierenden bewerteten ihre Gesamtbeherrschung des Kursmaterials am Ende des Semesters höher [M = 5,5] als bei der Vorbefragung ([M = 4,2] t = −3,284, p = 0,009).

Die Studierenden schätzten ihre Fähigkeit, Forschungsartikel kritisch zu lesen, am Ende des Semesters höher ein [M = 5,5] als bei der Vorbefragung ([M = 4,5] t = −2,739, p = 0,023).

Die Studierenden bewerteten ihre Fähigkeit, ein fundiertes wissenschaftliches Argument zu entwickeln, am Ende des Semesters höher [M = 5,4] als bei der Vorbefragung ([M = 4,6] t = −2,228, p = 0,05).

Limitationen

Was die quantitativen Ergebnisse anbelangt, so sind wir uns der geringen Anzahl von Studenten in dieser Studie bewusst, und wir verwenden diese Ergebnisse nicht, um allgemeine Aussagen über die Auswirkungen bestimmter Unterrichtsmethoden zu machen.

Vielmehr nutzen wir die quantitativen Ergebnisse, um unsere qualitativen Erkenntnisse über die positiven Auswirkungen eines technologiegestützten Ansatzes in Kombination mit einer Zusammenarbeit zwischen Universität und High School zu untermauern.

Zu den qualitativen Ergebnissen ist anzumerken, dass diese aus einer Partnerschaft zwischen einem Neurowissenschaftskurs auf College-Niveau und einem Anatomiekurs auf Oberstufenniveau in einem Vorstadtbezirk hervorgegangen sind.

Diskussion

Wir haben untersucht, wie eine Kursstruktur, die schülergeleitete Forschung, digitales Storytelling, soziale Netzwerke und eine Partnerschaft zwischen Universität und High School integriert, den Aufbau einer entstehenden Authentizität in einem College-Kurs für Verhaltensneurowissenschaften erleichtert hat.

Die Besuche der High School im Labor förderten auch das Gefühl der Gruppenzugehörigkeit zwischen den Teilnehmern und stärkten so die emotionale Energie, die mit dem wissenschaftlichen Lernen verbunden ist.

Außerdem deuten die Ergebnisse dieser Studie darauf hin, dass durch virtuelle Kommunikation emotionale Verbindungen möglich sind, wie die Art der Sprache zeigt, die sowohl die College-Studenten als auch die High-School-Schüler in ihren Beiträgen verwendeten, als sie über die Projekte diskutierten.

Während einige Wissenschaftspädagogen das Potenzial für eine Authentizität untersucht haben, die sich aus der Lebenswelt der Schüler ergibt, hatte die echte Wissenschaft in dieser Studie keinen Bezug zu den Anliegen der High-School-Schüler.

Die sehr positive Reaktion der Schüler auf diese Erfahrung deutet darauf hin, dass das digitale Storytelling das Potenzial hat, die Wissenschaft von „objektiv und distanziert" in „emotional und nah" zu verwandeln.

Schlussfolgerungen

Technologie kann es Studierenden ermöglichen, ihre Forschungsergebnisse einem breiten Publikum zu vermitteln, wodurch ihre Arbeit einen größeren Sinn erhält und sie in die Lage versetzt werden, durch hybride Präsentationsverfahren authentische Wissenschaft mitzugestalten.

Ein Bereich für zukünftige Forschung wäre die Art und Weise, wie digitales Storytelling und soziale Netzwerke genutzt werden könnten, um ko-konstruierte Authentizität und schülerzentrierte Wissenschaft für SchülerInnen mit nicht bildungsdominantem Hintergrund zu unterstützen.

In dieser speziellen Studie führten die College-Studenten die Recherchen durch, erstellten digitale Geschichten und bloggten in einem sozialen Netzwerk, während die High-School-Schüler bei ihren Besuchen an der Universität beobachteten, Fragen stellten und teilnahmen.

Zukünftige Studien könnten die Auswirkungen verschiedener Ansätze für die Beteiligung von High-School-Schülern an K-20-Partnerschaften mit digitalem Storytelling und in sozialen Netzwerken sowie die Auswirkungen auf die Wahrnehmung der Authentizität in der Wissenschaft untersuchen.

2 Storytelling und Bildung

Hinweis

Maschinell erstellte Zusammenfassung basierend auf der Arbeit von Olitsky, Stacy; Becker, Elizabeth A.; Jayo, Ignacio; Vinogradov, Philip; Montcalmo, Joseph, 2018, in Research in Science Education.

Storytelling in der frühkindlichen Bildung: Zeit für die Digitalisierung

DOI: https://doi.org/10.1186/s40723-021-00081-x

Abstract – Zusammenfassung

Digitales Storytelling als Lehrmethode und Lernressource wurde auf allen Bildungsebenen auf viele innovative Arten eingesetzt.

Das digitale Storytelling unterstützt das Lernen von Schülern und ermöglicht es den Lehrern, innovative und verbesserte Lehrmethoden anzuwenden.

Das Storytelling ist eine bewährte und beliebte pädagogische Methode, während das digitale Storytelling relativ neu ist und in der frühkindlichen Bildung noch selten eingesetzt wird.

Anhand einer Fallstudie über einen Geschichtenerzähler-Kunst-Wissenschafts-Club in Jakarta, Indonesien, untersuchte die Forscherin, wie und warum digitales Geschichtenerzählen in der frühkindlichen Bildung eingesetzt wird.

Der Club ist eine der wenigen Organisationen, die digitales Geschichtenerzählen für Lehr- und Lernprogramme in der frühen Kindheit einsetzen.

Die Ergebnisse zeigen, dass die Lehrkräfte in diesem Club das digitale Geschichtenerzählen aus mehreren wichtigen Gründen nutzen.

Einleitung

Die Technologie eröffnet Kindern größere Lernmöglichkeiten, da Pädagogen zunehmend Technologie und digitale Medien in ihre Klassenzimmer einbauen, sodass alle Kinder das gleiche Recht auf Teilhabe und Lernen haben (Cross et al., 21).

Trotz der vielen Vorteile, die der Einsatz von digitalem Geschichtenerzählen beim Lehren und Lernen mit sich bringt, und der Belege dafür, dass dieser Unterrichtsansatz für junge Lernende geeignet zu sein scheint, ist er in der frühkindlichen Bildung noch nicht sehr verbreitet (Blackwell et al., 22).

Internationale Forschungsergebnisse zeigen, dass viele Schüler und Lehrer nur über geringe oder gar keine digitalen Fähigkeiten verfügen, um diese Technologien effektiv zu nutzen. Dies schränkt die potenzielle Wirkung ein, kann sich negativ auf das Lernen der Schüler auswirken, und es kann die Bildungsungleichheit verstärken, insbesondere in Entwicklungsländern (Hinostroza, 23).

Diese Arbeit bietet einen wertvollen Einblick in die technologischen Fortschritte in der frühkindlichen Bildung und gibt einen Überblick darüber, welche Aktivitäten in einem Kinderclub in Jakarta, Indonesien, effektiv durchgeführt wurden.

Material und Methoden

Die Forscherin beobachtete die von den Lehrern durchgeführten Aktivitäten zum digitalen Geschichtenerzählen bei zwei verschiedenen Gelegenheiten.

Diese Datenquellen lieferten zusätzliche Informationen darüber, wie die Lehrerinnen und Lehrer die digitale Technologie in ihren Programmen zu Kunst-Wissenschafts-Storytelling einsetzen, und lieferten auch bestätigende Beweise für die Informationen, die sie aus den Interviews und Beobachtungen erhalten hatten.

Die Forscherin schützte die Teilnehmer und ihre Daten während der gesamten Datenerhebung und -analyse, um die Zuverlässigkeit und Gültigkeit der Studie zu gewährleisten.

Die Forscherin hat diesen Club für eine Fallstudie ausgewählt, weil er eine lange Historie des digitalen Geschichtenerzählens mit digitaler Unterstützung und Kontextualisierung von Geschichten für die frühkindliche Bildung hat und der Club zu einem kreativen Lehrmodell und einer Referenz für Kindergärtnerinnen wird.

Die Forscherin setzte diesen Prozess mit jeder Interviewtranskription und Dokumentenanalyse fort und entwickelte durch diese fortlaufende Analyse der Daten.

Ergebnisse

„Die Zaubertricks machen die Geschichten lebendiger, die Tricks spielen mit den Gefühlen der Kinder und helfen ihnen, sich zu entspannen, wenn die Geschichten zu spannend sind." (GMA) STA fügte hinzu, dass beim Erzählen von Geschichten in einer großen Gruppe ein Tonsystem und ein Bildschirm zur Anzeige von animierten PowerPoint-Folien erforderlich sind.

„Für mich ist das Erzählen oder Vorlesen einer Geschichte keine normale Aktivität, sondern eine spektakuläre Show." (STA) Die Forscherin listete einige der digitalen Technologien auf, die von den LehrerInnen während der beiden beobachteten Aufführungen verwendet wurden, darunter: Bilder, PowerPoint-Präsentation, Tonanlage, Mikrofon, Leinwand, LCD-Projektor und Laptop.

„Ich verwende PowerPoint-Präsentationen, ähm … Ich hole mir die Animationen aus dem Internet und zeige sie dann in PowerPoint, damit die Kinder mehr Interesse haben, der Geschichte zuzuhören." (LRS) GMA benutzte auch Filme, die er in PowerPoint erstellt hatte, um Geschichten zu erzählen.

Diskussion

O'Byrne et al. (24) untersuchten die Beteiligung von Kindern an digitalen Erzählprogrammen in Kindergärten in den USA, während diese Untersuchung in Indonesien durchgeführt wurde, was einer der Gründe dafür sein könnte, dass die Kinder nicht an der Erstellung ihrer eigenen digitalen Geschichten beteiligt waren.

Die Studie zeigt, dass die digitale Technologie das Storytelling für künstlerische, naturwissenschaftliche und ethische Erziehungsprogramme attraktiver macht, auch wenn die Kinder die Geschichten nicht selbst schreiben, und sie ermutigt die Kinder, ihre Gedanken, Ideen und Erfahrungen mitzuteilen.

Angesichts der Erkenntnisse darüber, wie und warum digitales Storytelling im Unterricht eingesetzt werden kann, um sowohl Schüler als auch Lehrer zu motivieren, sollten auch andere Faktoren in Betracht gezogen werden: die Ausstattung von mehr Schulen mit entsprechenden elektronischen Geräten, die Bereitstellung öffentlicher Gelder für die Modernisierung der Schulausrüstung, die Gestaltung eines Lehrplans, der technologische Fortschritte integriert, und die Bereitstellung von Möglichkeiten für Kinder, mithilfe von Technologie zu lernen.

Schlussfolgerung

Ein wichtiges Thema für künftige Forschungen wäre die Beziehung und Dynamik zwischen pädagogischen und praktischen Rahmenbedingungen in der frühkindlichen Bildung unter Verwendung von Storytelling und Technologieintegration.

Eine zweite Einschränkung besteht darin, dass in dieser Studie nur die Wahrnehmungen und Praktiken der Lehrkräfte beim Einsatz digitaler Technologien für das Storytelling im Rahmen des frühkindlichen Kunst- und Wissenschaftsprogramms untersucht wurden.

Die Forscherin in dieser Studie führte zwei Beobachtungen durch und sah, wie die Kinder während der digitalen Geschichtenerzählung reagierten und interagierten.

Eine künftige Studie könnte sich mit den Erkenntnissen und Erfahrungen der Kinder befassen oder die Wahrnehmungen der Lehrkräfte und der Kinder kombinieren oder sogar die Erfahrungen und Erkenntnisse der Eltern über den Einsatz des digitalen Storytellings in der frühkindlichen Bildung hinzufügen.

Hinweis

Maschinell erstellte Zusammenfassung basierend auf der Arbeit von Rahiem, Maila D. H., 2021, im International Journal of Child Care and Education Policy.

Die Wirksamkeit des digitalen Storytellings im Klassenzimmer: eine umfassende Studie

DOI: https://doi.org/10.1186/s40561-014-0006-3

Abstract – Zusammenfassung

Forscher haben herausgefunden, dass das Engagement, die Leistung und die Motivation von Schülern durch die Integration solcher Technologien verbessert werden.

Die Bildungssysteme stehen nach wie vor vor vielen Herausforderungen: Eine dieser Herausforderungen ist die Frage, wie das Engagement der Schülerinnen und Schüler gefördert werden kann, um bessere Bildungsergebnisse zu erzielen.

Digitales Storytelling ist einer der innovativen pädagogischen Ansätze, der Schüler zu tiefgreifendem und sinnvollem Lernen anregen kann.

Ziel dieses Forschungsprojekts war die Schaffung einer konstruktiven Lernumgebung mit digitalem Storytelling.

Die Forschung untersuchte die pädagogischen Aspekte des digitalen Storytellings und die Auswirkungen des digitalen Storytellings auf das Lernen von Schülern, wenn Lehrer und Schüler digitale Geschichten einsetzen.

In ausgewählten Klassenzimmern hatten Schüler und Lehrer die Möglichkeit, innovative Lernerfahrungen auf der Grundlage des digitalen Storytellings zu machen.

Um die Zuverlässigkeit und Gültigkeit der Untersuchung zu erhöhen, wurden mehrere Methoden der Datenerhebung und -analyse eingesetzt.

Die Datenerhebung wurde mithilfe eines gemischten Forschungsdesigns durchgeführt, um zu untersuchen, ob und wie digitales Storytelling die Lehr- und Lernergebnisse verbessert.

Die Ergebnisse dieser Studie deuten darauf hin, dass digitales Storytelling ein leistungsfähiges Instrument ist, um Unterrichtsbotschaften mit Lernaktivitäten zu verknüpfen und so eine ansprechendere und spannendere Lernumgebung zu schaffen.

Dieser Ansatz hat das Potenzial, das Engagement der Schüler zu erhöhen und bessere Bildungsergebnisse für die Lernenden zu erzielen.

Einleitung

Die Schülerinnen und Schüler konnten multimediale Softwaretools sowie andere technologische Fähigkeiten nutzen, um digitale Geschichten zu bestimmten Bildungsthemen zu erstellen.

In ausgewählten Klassenzimmern hatten Schüler und Lehrer die Möglichkeit, innovative Lernerfahrungen auf der Grundlage des digitalen Storytellings zu machen.

Die Ergebnisse dieses Forschungsprojekts sollen Lehrenden und Lernenden helfen, sich die Macht des digitalen Storytellings zunutze zu machen und engagierteres Lehren und Lernen zu ermöglichen.

Meadows bietet eine eher technologieorientierte Definition an, bei der das digitale Storytelling kostengünstige Digitalkameras, nicht-lineare Autoren-Tools und Computer nutzt, um kurze Multimediageschichten zu erstellen und so das soziale Anliegen rund um das Storytelling zu erzielen.

Das digitale Storytelling steigert die Motivation der Lernenden und hilft den Lehrkräften beim Aufbau konstruktiver Lernumgebungen.

Ziel dieses Forschungsprojekts ist es, eine Methodik für den Aufbau konstruktiver Lernumgebungen auf der Grundlage des digitalen Storytellings zu entwickeln. Die Ergebnisse dieses Forschungsprojekts sollen Lehrenden und Lernenden helfen, die Kraft des digitalen Storytellings zu nutzen und engagierter zu lehren und zu lernen.

Methoden

Die Untersuchung konzentriert sich auf die Umsetzung des digitalen Storytellings im Klassenzimmer, beschreibt den digitalen Geschichten-Workshop und erklärt die Rollen der LehrerInnen und die Aufgaben der SchülerInnen; d. h. diese Studie zeigt ein klares Bild, wie das digitale Storytelling in Schulen integriert werden kann.

Bei den Unterrichtsbeobachtungen wurde von den Lehrern eine Bewertungsskala verwendet, um die Qualität der von den Schülern erstellten digitalen Geschichten zu beurteilen.

Da das Hauptziel dieser Untersuchung darin bestand, die Auswirkungen des digitalen Storytellings auf das Lernen der SchülerInnen zu untersuchen, wenn LehrerInnen und SchülerInnen digitale Geschichten verwenden, und zu evaluieren, ob und wie digitales Storytelling das Engagement der SchülerInnen und die Bildungsergebnisse verbessern könnte, fokussiert sich die Studie ebenfalls darauf, auf welche Weise digitales Storytelling im Klassenzimmer implementiert wird, indem der Workshop für digitale Geschichten beschrieben und die Rollen der LehrerInnen und die Aufgaben der SchülerInnen erläutert werden (Smeda et al. [26]).

Ergebnisse und Diskussion

Diese Untersuchung bestätigt, dass digitales Storytelling für einen konstruktiven Lernansatz geeignet ist, da die SchülerInnen ihre eigene Geschichte erarbeiten, nachdem sie von der Lehrkraft grundlegende Anweisungen erhalten haben.

Die Ergebnisse der Interviews mit den Lehrkräften deuten darauf hin, dass das digitale Storytelling ein wirksames Mittel ist, um die technischen Fähigkeiten und die Informationskompetenz der Schüler zu verbessern.

Da der jüngste Bericht für das Programme for International Student Assessment (PISA) darauf hinweist, dass der Einsatz von Technologie in der Bildung verschiedene Fähigkeiten der Lernenden verbessern kann, deuten die Ergebnisse dieser Untersuchung auch darauf hin, dass digitales Storytelling verschiedene Fähigkeiten wie Schreiben, Entwerfen, Bibliotheksarbeit und Recherche, Technologie und Kommunikation verbessern kann.

Die Lehrerinnen und Lehrer gaben an, dass digitales Storytelling den Einsatz von Technologie im Unterricht erhöht und verbessert, was den Schülerinnen und Schülern hilft, ihre technischen Fähigkeiten und ihre Informationskompetenz zu verbessern. Digitales Storytelling kann auch in Fächern wie Englisch und Geschichte sowie in fast allen Wissenschaften, einschließlich Mathematik, Sozial- und Geisteswissenschaften, eingesetzt werden.

Schlussfolgerung

Da das Hauptziel dieser Untersuchung darin bestand, die Auswirkungen des digitalen Storytellings auf das Lernen von SchülerInnen zu untersuchen, werden die Ergebnisse dieser Studie sowohl LehrerInnen als auch SchülerInnen in die Lage versetzen, die Macht des digitalen Storytellings zu nutzen und engagierter zu lehren und zu lernen.

Die Untersuchung konzentrierte sich auf die Umsetzung des digitalen Storytellings im Klassenzimmer, beschrieb den digitalen Geschichten-Workshop und erläuterte die Rollen der LehrerInnen und die Aufgaben der SchülerInnen; daher vermittelt diese Studie ein klares Bild davon, wie das digitale Storytelling in Schulen integriert werden kann.

In der Vergangenheit wurde eine Reihe von Modellen zur Entwicklung von Geschichten ausgearbeitet, um Pädagogen dabei zu helfen, bessere Lernergebnisse mit digitalem Storytelling zu erzielen. Keines dieser Modelle bietet jedoch einen ganzheitlichen pädagogischen Rahmen für die Beschäftigung von Schülern mit digitalem Storytelling in verschiedenen Lernphasen.

In dieser Forschungsarbeit wurde ein neues Rahmenwerk e-Learning Digital Storytelling (eLDiSt) für den Einsatz des digitalen Storytellings als pädagogisches Modell für konstruktives Lernen vorgestellt.

Hinweis

Maschinell erstellte Zusammenfassung basierend auf der Arbeit von Smeda, Najat; Dakich, Eva; Sharda, Nalin, 2014, in Smart Learning Environments.

Ein pädiatrisches digitales Storytellingsystem für Medizinstudenten im dritten Jahr: Die virtuellen pädiatrischen Patienten

DOI: https://doi.org/10.1186/1472-6920-4-10

Abstract – Zusammenfassung

Computergestützte Patientensimulationen (CBPS) sind gängige und wirksame Lehrmethoden für Medizinstudenten, haben jedoch ihre Grenzen.

Das Ziel dieses Projekts war es, die Entwicklung eines CBPS zu beschreiben, das einige dieser Einschränkungen überwinden soll, und eine Online-Evaluierung durchzuführen.

Es wurde eine Vorlage für digitales Storytelling entwickelt: 1. Geschichte des Patienten, Bewertung und klinischer Verlauf, 2. problemorientierter Ansatz bei der Bewertung und 3. die digitalen Geschichten und eine Online-Umfrage mit 10 Fragen wurden in einem Pilotversuch getestet.

Die Nutzung der digitalen Geschichten wurde anhand von Computer-Server-Protokollen und der Anzahl der Hyperlinks zum CBPS gemessen.

In 4,5 Jahren wurden 814.148 Seiten mit digitalen Geschichten von 362.351 Nutzern gelesen.

Ein neuer Typ von CBPS, das digitale Storytellingsystem, wurde entwickelt und evaluiert und scheint einige der Limitationen früherer CBPS erfolgreich zu überwinden, indem es die Geschichten der Patienten in ihren eigenen Worten wiedergibt, sich auf Probleme statt auf Krankheiten konzentriert und Geschichten enthält, die von den Studierenden schnell durchgearbeitet werden können.

Hintergrund

Es besteht ein wachsender Konsens darüber, dass Ärzte klinisches Fachwissen erwerben, indem sie Krankengeschichten oder „Fallberichte" anhören, analysieren und ordnen, und die Ausbildung von Medizinstudenten hat diese Lernmethode unterstützt, indem die Studenten während ihrer Ausbildung so vielen Patienten oder „Fällen" wie möglich ausgesetzt wurden [27, 28].

Problemorientiertes Lernen ist ein Lehrplanentwicklungs- und -vermittlungssystem, das sich auf reale Probleme oder Fälle mit mehreren Antworten stützt, um den Lehrplan zu steuern.

Problembasierte Lernaufgaben haben in der Regel die Form von Fallbeispielen, die komplexe, reale Herausforderungen beschreiben, die in dem zu untersuchenden Fachgebiet üblich sind [29, 30].

Computergestützte Patientensimulationen (CBPS) wurden als Methode angeboten, um allgemeingültige Patientenfallberichte als Basis für die Ausbildung von Medizinstudenten zu schaffen.

Das CBPS fordert das Denken heraus und erweitert es, indem es den Studierenden ermöglicht, Problemlösungsfähigkeiten zu entwickeln, die Studierenden in die Synthesefähigkeiten einzubeziehen und grundlegende und weiterreichende empathische Fähigkeiten zu entwickeln.

Methoden

Da der Schwerpunkt auf einprägsamen Patientengeschichten aus erster Hand liegt, die sich auf häufige pädiatrische Probleme beziehen, nannten wir unser CBPS ein digitales Storytellingsystem.

Um mit den nationalen Richtlinien für die Ausbildung von Medizinstudenten in Einklang zu sein, wurde im Sommer 1996 eine Liste häufiger pädiatrischer Probleme erstellt, die auf nationalen pädiatrischen Lehrplänen, nationalen Gesundheitsstatistiken und stationären und ambulanten Zahlen aus zwei Krankenhäusern basieren [31–32], und unveröffentlichte Daten, die von einer der Autorinnen während der allgemeinen pädiatrischen Ausbildung am Children's Hospital, Boston in den Jahren 1993–1995 gesammelt wurden.

Die Patientenfallberichte wurden zunächst von einem Medizinstudenten im zweiten Jahr verfasst und von einem praktizierenden Kinderarzt und einem Kinderradiologen auf ihre Richtigkeit hin überprüft und bearbeitet.

Ein praktizierender Kinderarzt führte eine Literaturrecherche durch und verfasste einen problemorientierten Ansatz für die Bewertung des medizinischen Problems des Patienten und eine Diskussion über den tatsächlichen Krankheitsverlauf des Patienten.

Ergebnisse

Eine formale Bewertung der digitalen Geschichten wurde von 8 Medizinstudenten durchgeführt, die fanden, dass die digitalen Geschichten einprägsam, klar dargestellt und auf einem angemessenen Niveau geschrieben waren und die Bearbeitung etwa 20–30 Minuten in Anspruch nahm.

92 % der Befragten waren der Meinung, dass die digitalen Geschichten verständlich geschrieben waren, und 91,4 % waren der Meinung, dass sie für Medizinstudenten im dritten Studienjahr angemessen waren.

Die Befragten (76,6 %) waren überwiegend der Meinung, dass die Bearbeitung der digitalen Geschichten eine angemessene Zeit in Anspruch nahm.

Die Medizinstudenten waren der Meinung, dass die digitalen Geschichten klar geschrieben (89,7 %) und auf einem angemessenen Niveau waren (96,1 %).

Die Medizinstudenten waren der Meinung, dass die Bearbeitung der digitalen Geschichten die richtige Zeit in Anspruch nimmt (70,5 %), was etwas weniger ist als bei allen Befragten.

Medizinstudenten (78,2 %) waren eher bereit, die digitalen Geschichten weiterzuempfehlen als alle Befragten.

Diskussion

Obwohl das digitale Storytellingsystem ursprünglich für Medizinstudenten entwickelt wurde, wurde es von einem breiten Spektrum von Studenten der Gesundheitswissenschaften und Praktikern genutzt, deren Antworten auf die Umfrage darauf hindeuten, dass die digitalen Geschichten für die Ausbildung nützlich waren.

Es scheint, dass die Medizinstudenten in dieser Umfrage aus den digitalen Geschichten gelernt haben, denn 98,8 % der Studenten gaben an, dass sie ein ähnliches Patientenproblem beurteilen könnten und sich in Zukunft an mindestens einen Aspekt der digitalen Geschichten erinnern würden (91 %).

Medizinstudenten empfanden die Gesamtqualität der digitalen Geschichten in 93,2 % der Fälle als sehr gut oder ausgezeichnet, und fast 78,2 % würden die digitalen Geschichten wahrscheinlich weiterempfehlen (ein weiteres Maß für die Wertzumessung bei den Befragten).

Die Antworten der Befragten lassen darauf schließen, dass sie den digitalen Geschichten einen pädagogischen Wert beimessen.

Hinweis

Maschinell erstellte Zusammenfassung basierend auf der Arbeit von D'Alessandro, Donna M; Lewis, Tamra E; D'Alessandro, Michael P, 2004, in BMC Medical Education.

Interaktives digitales Storytelling: das kulturelle Erbe im Klassenzimmer

DOI: https://doi.org/10.1007/s40692-018-0128-7

Abstract – Zusammenfassung

Interaktives digitales Storytelling wird zu einer beliebten Wahl für die Präsentation von Informationen in vielen Bereichen.

Die Anwendungsbereiche reichen von der Medienindustrie und der Visualisierung von Geschäftsinformationen über digitales Kulturerbe, Serious Games und Bildung bis hin zu zeitgenössischem Theater und bildender Kunst.

Die Vorteile dieser Form der multimedialen Präsentation in der Bildung sind allgemein anerkannt, und es wurden mehrere Studien durchgeführt, die diese These untersuchen und stützen.

Um die Vorteile zu erörtern, wollten wir die Herausforderungen bei der Einführung von interaktivem digitalem Storytelling und Serious Games im Unterricht angehen.

Einleitung

Die technologische Entwicklung führt neue Wege der interaktiven Kommunikation im Bereich der multimedialen Anwendungen des kulturellen Erbes ein.

Interaktives digitales Storytelling (IDS) ermöglicht es dem Benutzer, den Ablauf und manchmal sogar den Inhalt der Geschichte zu beeinflussen.

Der Einsatzbereich für interaktives digitales Storytelling erweitert sich schnell in verschiedenen Anwendungsbereichen.

Die Autoren der Studie haben ein Beispiel für eine interaktive digitale Storytelling-App analysiert und ihre Erkenntnisse und Empfehlungen in die neue Methodik einfließen lassen.

Edutainment ist kein neues Attribut bei der Entwicklung von Bildungs-Apps, und die Bedeutung von Edutainment ist im Forschungsbereich der Serious Games anerkannt (Ma et al. 33).

Schwierigkeiten bei der Diskussion und Messung von Edutainment ergeben sich aus dem Gegensatz zwischen den wichtigen pädagogischen Aspekten und den Aspekten, die für den Unterhaltungsteil der Inhaltspräsentation von Bedeutung sind, wie Wiberg und Jegers (34) feststellen, die die Notwendigkeit von Kompromissen bei der Abwägung zwischen dem Unterhaltungs- und dem Bildungsteil der App aufzeigten.

Verwandte Arbeiten

Ein weiteres Beispiel für innovative Nutzerbeteiligung, das ebenfalls im Umfeld von Museen angesiedelt ist, ist die Modular Audio Story Platform for Museums (Salo et al. 35).

Das Projekt Etruscanning 3D (Pietroni et al. 36) ist eine IDS-App (IDS = „interactive digital storytelling") zur Präsentation der Funde aus dem etruskischen Regolini-Galassi-Grab mit einer interessanten Kombination aus Erzählung, 3D-Umgebung des Grabes und interaktiven Modellen der dort gefundenen Artefakte.

Der Benutzer steht vor dem Bildschirm, auf den die virtuelle Umgebung des Grabes projiziert wird, und interagiert mit der App über eine gestenbasierte Interaktionsschnittstelle mit Kinect-Bewegungssensor.

Die App Admotum, die im Rahmen der Ausstellung Keys to Rome über die römische Kultur während der Herrschaft von Kaiser Augustus entwickelt wurde, ist ein seriöses Spiel, das den Benutzer in die Suche nach Objekten in vier beteiligten Museen einbezieht (Pagano et al. 37).

Virtuelle Umgebungen mit interaktivem Storytelling ermöglichen es dem Nutzer, Geschichten auf Abruf zu sehen.

Schlussfolgerungen aus der Bewertung der IDS-Anwendung

Studien zur Bewertung der Benutzerfreundlichkeit bestehender IDS-Anwendungen haben die folgenden Hauptnachteile aufgezeigt: Die Geschichten sind zu lang, um die Aufmerksamkeit der Benutzer zu erhalten.

Das virtuelle 4D-Präsentationsprojekt (Rizvic et al. 38) macht Internetnutzer durch interaktive digitale Geschichten mit der Historie der Festung, ihrem Aussehen vom Mittelalter über die osmanische und österreichisch-ungarische Zeit bis zur Gegenwart vertraut.

Diese App wurde als Beispiel für eine IDS-App ausgewählt, um das interdisziplinäre Expertenteam vorzustellen, und ihre Erfahrungen wurden in die Leitlinien für interaktive digitale Storytelling-Präsentationen des kulturellen Erbes aufgenommen (Rizvic et al. 38). Der Autor hält fest, dass die Hauptqualität der interaktiven Informationspräsentation in der App White Bastion darin besteht, das kreative Feld der Möglichkeiten zu betreten, das es uns ermöglicht, den bereits etablierten Reflexen des Users zu folgen, der ein erfahrener Konsument von Cyber-Inhalten und interaktiver Kommunikation ist, und ihm/ihr anzubieten, auf diese vertraute Weise Wissen zu erlangen.

Leitlinien für interaktives digitales Storytelling

Interaktionsdesign: Die Erfahrung der User kann in drei Aspekte unterteilt werden: die Form – die vom Grafikdesign durch die Schaffung einer visuellen Sprache für die Vermittlung des Inhalts beeinflusst wird; das Verhalten – die Gestaltung des Verhaltens des Users gegenüber der Geschichte, ihrer Form und ihrem Inhalt; der Inhalt – der von Animatoren, Soundkünstlern und Informationsarchitekten geschaffen wird.

Der HCI-Experte (HCI = „human–computer interaction") stellt fest, dass IDS-Anwendungen auf der Grundlage der Usability-Heuristik von ten Nielsen (39) den Usern ein Gefühl der Kontrolle vermitteln sollten und daher Informationen über die Navigation in der virtuellen Umgebung enthalten, Auslöseobjekte für bestimmte Aktionen hervorheben und die Integration von interaktiver 3D-Geometrie und narrativen Inhalten verbessern sollten.

Für eine erfolgreiche User-Evaluation von IDS-Apps sollte die Heuristik von Nielsen um die Bewertung der Erfahrung in Bezug auf den Inhalt (Inhalt selbst, Personalisierung, Strategie, Präsentationsmodi, Verknüpfung) sowie die Erfahrung in Bezug auf die Navigation durch die Geschichte und in interaktiven virtuellen Umgebungen erweitert werden.

Die Autoren stellen fest, dass ein entscheidendes Element für IDS-Anwendungen, insbesondere für solche, die interaktive virtuelle Umgebungen enthalten, darin besteht, das erzählerische Paradoxon zu lösen und die Nutzer zu motivieren, alle angebotenen Inhalte zu erkunden und die Geschichte zu vervollständigen.

Erkundung der Herausforderungen

Die „Lehrer" bewerteten die folgenden Aspekte als wichtig und sehr wichtig: „Einsatz von IDS im Geschichtsunterricht", „Einsatz von IDS im Kunstunterricht", „Zugang zum kulturellen Erbe von entfernten Orten", „Virtuelle Rekonstruktion des kulturellen Erbes" und „Motivation der Schüler zur selbstständigen Erforschung der Geschichte".

Die „Anderen" (weder Lehrer noch Schüler) bewerteten folgende Aspekte als wichtig und sehr wichtig: „Einsatz von IDS im Geschichtsunterricht", „Einsatz von IDS im Kunstunterricht", „Synergie von multidisziplinärem Wissen" und „Förderung des kulturellen Erbes im Tourismus".

Die Ergebnisse lassen sich leicht mit den Berichten von Di Blas und Paolini (40) in Verbindung bringen, in denen die Lehrer verschiedene Vorteile des IDS-Einsatzes im Bildungsprozess sehr positiv bewerten, darunter die Motivation der Schüler, die Verbesserung der Kommunikation usw. Wir haben einen Unterschied zwischen den Meinungen der Schüler und der Lehrer beobachtet.

Schlussfolgerung

Die Experten gaben Einblicke in das Konzept, die Struktur und die Elemente, die eine IDS-Präsentation enthalten muss, um ein maximales Eintauchen des Users in die Materie zu erreichen und ein möglichst zufriedenstellendes Edutainment-Erlebnis zu bieten.

Um die IDS-Inhalte in den normalen Bildungsprozess einzubeziehen und sie in den Unterricht einzubringen, wurden einige zusätzliche Untersuchungen der Nutzererwartungen gemessen und analysiert.

Es ist bezeichnend, wie positiv die Lehrer die Bedeutung von IDS für die Bildung bewerten.

IDS-Apps, die für Bildungszwecke bestimmt sind, werden durch die Messung des Edutainment-Niveaus und der Wirksamkeit weiter bewertet.

Anhand der Ergebnisse dieser detaillierteren Studien wird das neue IDS-Konzept angepasst und fertiggestellt.

Hinweis

Maschinell erstellte Zusammenfassung basierend auf der Arbeit von Rizvic, Selma; Boskovic, Dusanka; Okanovic, Vensada; Sljivo, Sanda; Zukic, Merima, 2019, im Journal of Computers in Education.

Literatur

1. Pinnegar, S., & Hamilton., M.L. (2011). Narrating the tensions of teacher educator researcher in moving story to research. Narrative inquiries into curriculum making in teacher education advances in research on teaching, 13, 43–68.
2. Smyth, J. (2006). 'When students have power': Student engagement, student voice, and the possibilities for school reform around 'dropping out' of school. International Journal of Leadership in Education, 9(4), 285–298.
3. Fine, M., & Weis, L. (2003). Silenced voices and extraordinary conversations: Re-imagining schools. New York: Teachers University Press.
4. Boltman, A., & Druin, A. (2003). Children's storytelling technologies: Differences in elaboration and recall. Retrieved from https://drum.lib.umd.edu/handle/1903/1169
5. Ng, W. (2015). Digital literacy: The overarching element for successful technology integration. New digital technology in education: Conceptualizing professional learning for educators (pp. 125–145). Cham: Springer.
6. Smith, P. L., & Ragan, T. J. (2005). Instructional design (3rd ed.). Danvers, MA: Wiley.
7. Robin, B. (2008). Digital storytelling: a powerful technology tool for the 21st century classroom. Theory Into Practice, 47, 220–228.
8. Schwan, S. & Riempp, R. (2004). The cognitive benefits of interactive videos: learning to tie nautical knots. Learning and Instruction, 14, 293–305.
9. Fowler, J. (2002). Survey research methods (3rd ed.). Newbury Park: Sage.
10. Cherrett, T., Wills, G., Price, J., Maynard, S., & Dror, I. E. (2009). Making training more cognitively effective: making videos interactive. British Journal of Educational Technology, 40(6), 1124–1134.
11. Delen, E., Liew, J., & Willson, V. (2014). Effects of interactivity and instructional scaffolding on learning: self-regulation in online video-based environments. Computers & Education, 78, 312–320.
12. Merkt, M., Weigand, S., Heier, A., & Schwan, S. (2011). Learning with videos vs. Learning with print: the role of interactive features. Learning and Instruction, 21, 687–704.
13. Merkt, M., & Schwan, S. (2014). Training the use of interactive videos: effects on mastering different tasks. Instructional Science, 42, 421–441.
14. Zhang, D., Zhou, L., Briggs, R. O., & Nunamaker, J. F. (2006). Instructional video in e-learning: assessing the impact of interactive video on learning effectiveness. Information & Management, 43, 15–27.
15. O'Flaherty, J., & Phillips, C. (2015). The use of flipped classrooms in higher education: a scoping review. The Internet and Higher Education, 25, 85–95.
16. Warren, A. E., Archambault, L. M., & Foley, R. W. (2014). Sustainability education framework for teachers: developing sustainability literacy through futures, values, systems, and strategic thinking. Journal of Sustainability Education, 6, 1–14.
17. Shephard, K. (2003). Questioning, promoting, and evaluating the use of streaming video to support student learning. British Journal of Educational Technology, 34(3), 295–308.
18. Hannafin, M. J. (1985). Empirical issues in the study of computer-assisted interactive video. Educational Communication and Technology, 33(4), 235–247.
19. National Research Council. (2003). Committee on Undergraduate Biology Education to Prepare Research Scientists for the 21st Century. Washington, DC: National Academies Press.
20. Dohn, N. B., & Dohn, N. B. (2017). Integrating Facebook in upper secondary biology instruction: a case study of students' situational interest and participation in learning communication. Research in Science Education, 47(6), 1305–1329.

21. Cross, C. T., Woods, T. A., & Schweingruber, H. (2009). Mathematics learning in early childhood: Paths toward excellence and equity. New York: National Academies Press.
22. Blackwell, C. K., Lauricella, A. R., & Wartella, E. (2014). Factors influencing digital technology use in early childhood education. Computers and Education, 77, 82–90. https://doi.org/10.1016/j.compedu.2014.04.013
23. Enrique Hinostroza, J. (2018). New challenges for ICT in education policies in developing countries: The need to account for the widespread use of ICT for teaching and learning outside the school. In ICT-supported innovations in small countries and developing regions (pp. 99–119). Springer International Publishing. https://doi.org/10.1007/978-3-319-67657-9_5
24. O'Byrne, W. I., Houser, K., Stone, R., & White, M. (2018). Digital storytelling in early childhood: Student illustrations shaping social interactions. Frontiers in Psychology. https://doi.org/10.3389/fpsyg.2018.01800
25. The Digital Storytelling Association:The center for digital storytelling. 2011.
26. Smeda N, Dakich E, Sharda N: Digital Storytelling with Web 2.0 Tools for Collaborative Learning. Collaborative Learning 2012, 145–163. https://doi.org/10.4018/978-1-4666-0300-4.ch008
27. Schmidt H, Norman G, Boshuizen HA: Cognitive prespective on medical expertise: Theory and implications. Acad Med. 1990, 65: 611–621.
28. Shank RC, Morson GS: Tell Me a Story: Narrative and Intelligence (Rethinking Theory). 1995, Evanston: Northwestern University Press
29. De Gallow : What is Problem-Based Learning?. [http://www.pbl.uci.edu/whatispbl.htm]
30. Schools of California Online Resources for Education: What is Problem Based Learning?. [http://score.rims.k12.ca.us/problearn.html]
31. Thomas RK, Pol LG, Sehnert WF: Health Care Book of Lists. 1994, Winter Park:GR Press
32. Ambulatory Pediatric Association: Educational Guidelines for Residency Training in General Pediatrics. Edited by: Kittredge D. 1996, McLean, VA
33. Ma, M., Oikonomou, A., & Lakhmi, C. J. (2011). Serious games and edutainment applications. New York: Springer.
34. Wiberg, C., & Jegers, K. (2003). Satisfaction and learnability in edutainment: A usability study of the knowledge game 'Laser Challenge' at the Nobel e-museum. Proceedings of HCI International – 10th International Conference on Human–Computer Interaction, Crete, Greece, pp. 1096–1102.
35. Salo, K., Zinin, V., Bauters, M., & Mikkonen, T. (2017). Modular audio story platform for museums. In Proceedings of the 22nd International Conference on Intelligent User Interfaces Companion (IUI '17 Companion). ACM, New York, pp. 113–116.
36. Pietroni, E., Pagano, A., & Rufa, C. (2013) The Etruscanning project: Gesture-based interaction and user experience in the virtual reconstruction of the Regolini-Galassi tomb. In 2013 Digital Heritage International Congress (DigitalHeritage) (Vol. 2, pp. 653–660).
37. Pagano, A., Armone, G., & Sanctis, E. D. (2015). Virtual museums and audience studies: The case of 'Keys to Rome' exhibition. In 2015 Digital Heritage (Vol. 1, pp. 373–376).
38. Rizvic, S., et al. (2016). 4D virtual reconstruction of white bastion fortress. In C. E. Catalano & L. D. Luca (Eds.), Eurographics workshop on graphics and cultural heritage. Lyon: The Eurographics Association.
39. Nielsen, J. (1995). 10 usability heuristics for user interface design. Fremont, CA: Nielsen Norman Group.
40. Di Blas, N., & Paolini, P. (2013). Beyond the school's boundaries: PoliCultura, a large-scale digital storytelling initiative. In T. Leo, L. Spalazzi, P. Ghislandi, & M. G. Ierardi (Eds.), Journal of Educational Technology & Society Special Issue on "Innovative Technologies for the Seamless Integration of Formal and Informal Learning" (Vol. 16, Issue 1, pp. 15–27).

Storytelling und Kultur

Neeraj Karandikar

Schlüsselwörter

Identität · Teilnehmer · Anpassung · Jugend · Erzählstimulus · Stimulus · Fiktion · Psychologie · Kulturell · Ressource · Sozial · Tradition · Glaube · Muslimisch

Narrativ, Gedächtnis und soziale Repräsentationen: Ein Gespräch zwischen Historie und Sozialpsychologie

DOI: https://doi.org/10.1007/s12124-012-9217-8

Abstract – Zusammenfassung

Anhand einer Fallstudie über die sozialen Repräsentationen der brasilianischen Öffentlichkeit wird gezeigt, wie eine spezifische Ursprungserzählung die Geschichte als nützliche mythologische Ressource zur Verteidigung der Identität, zum Aufbau von Solidarität zwischen Bevölkerungsgruppen und zur Aufrechterhaltung des sozialen Zusammenhalts neu erfindet.

Dieses historische Narrativ, das durch eine dialogische Zeitreise zwischen verschiedenen Quellen entsteht, hat die Funktion, bestimmte soziale Darstellungen des öffentlichen Lebens zu verändern, zu stabilisieren und ihnen Resilienz zu verleihen.

N. Karandikar (✉)
Nashik, Indien

© Der/die Autor(en), exklusiv lizenziert an Springer-Verlag GmbH, DE, ein Teil von Springer Nature 2023
N. Karandikar (Hrsg.), *Elemente des Storytellings in Bildung, Kulturwissenschaften und Marketing*, https://doi.org/10.1007/978-3-662-66293-9_3

Diese Darstellungen verschwinden nicht, denn sie verändern sich ständig und sind eingebettet, rekrutieren vielfältige Denkweisen und erfüllen Funktionen der Identität, der Solidarität zwischen Gruppen und des sozialen Zusammenhalts.

Einleitung

Anhand einer Fallstudie über die sozialen Repräsentationen der brasilianischen Öffentlichkeit zeige ich, wie ein bestimmtes Ursprungsnarrativ Geschichte als nützliche mythologische Ressource zur Verteidigung der Identität, zum Aufbau von Solidarität zwischen Gruppen und zur Aufrechterhaltung des sozialen Zusammenhalts neu erfindet.

Dieses historische Narrativ, das durch eine dialogische Zeitreise zwischen verschiedenen Quellen entsteht, hat nicht nur die Funktion, bestimmte soziale Darstellungen des öffentlichen Lebens zu verändern, sondern auch, sie zu stabilisieren und ihnen Resilienz zu verleihen.

Der zentrale Kern sozialer Repräsentationen, der als Erzählung strukturiert ist, sich auf den semiotischen Gehalt von Themen stützt und durch die normative Kraft eines Metasystems funktioniert, verdichtet Handlungen und Narrative, die haften bleiben und nicht verschwinden, die in unseren Denk- und Handlungssystemen verbleiben und die Gegenwart und unsere gegenwärtigen Erfahrung ausmachen.

Schlussfolgerung

Die Präsenz der Vergangenheit im Denken des gesunden Menschenverstandes ist vielschichtig und widersprüchlich; Narrative mobilisieren verschiedene Sprachen und Denksysteme, die weitreichende kognitive Solidaritäten schaffen und sich auf mehrere Quellen stützen, um Bedürfnisse nach Identität, Zugehörigkeit und sozialem Zusammenhalt zu erfüllen.

Der zentrale Kern sozialer Repräsentationen kann eine mythologische Funktion übernehmen, indem er die zeitliche Differenz verdeckt und ein Ursprungsnarrativ hervorbringt, das in einer Vielzahl von Formen und Gestalten durch Zeit und Kontext wandert.

Die Darstellungen des öffentlichen Raums in Brasilien zeigen, dass die Widersprüche, die in der Idee der Durchmischung der Bevölkerung eingebettet sind, zu einem mythologischen Kern geronnen sind, der sich aus einer Vielzahl von Quellen rekrutiert, um zentrale Themen der brasilianischen Geschichte und kulturellen Identität zu wiederholen.

Als ein System von Ideen, Praktiken und Werten, die kollektiv produziert werden, sind soziale Repräsentationen der sozialpsychologische Ausdruck von Geschichte, einer Geschichte, die sich behauptet und sich in unser subjektives und soziales Leben einschreibt.

3 Storytelling und Kultur

Hinweis

Maschinell erstellte Zusammenfassung basierend auf der Arbeit von Jovchelovitch, Sandra, 2012, in Integrative Psychological and Behavioral Science.

Erzählende Narrative: Soziale Bindungen als Schlüssel für gefährdete Jugendliche

DOI: https://doi.org/10.1007/s10566-008-9055-5

Abstract – Zusammenfassung

Bei dieser Untersuchung wurde eine strukturierte Erzählmethode angewandt, um die Erfahrungen der jugendlichen Teilnehmer zu erfassen und wirksame Faktoren zu ermitteln, die ihnen in drei Programmen in den Bezirken Santa Barbara und Ventura, Kalifornien, geholfen haben.

39 Jugendliche im Alter von 8 bis 17 Jahren nahmen an ihren Heimatorten an zwei Storytelling-Protokollen teil. Das eine bestand aus einer schriftlichen Erzählung über ein lebhaftes Ereignis im Rahmen des Projekts, das zweite aus einer Gruppengeschichte über eine Figur, die ein Teilnehmer gewesen war.

Einleitung

Es gibt mehrere theoretische Modelle, die sich auf Forschungsergebnisse berufen, um zu erklären, welche Merkmale bei Jugendprogrammen wirksam sind, um destruktive Verhaltensweisen zu reduzieren und soziale Bindungen zu stärken.

Die Forschung hat auch gezeigt, dass ein Modell für kulturelle Kompetenz, das die ethnische Zugehörigkeit der Jugendbetreuer mit der der Teilnehmer abstimmt und kulturelle Praktiken einbezieht, wirksam ist (Nelson 1).

Es wurde ein Protokoll entwickelt, in dem die Jugendlichen über ihre Erfahrungen mit dem Programm und die daraus resultierenden Auswirkungen auf ihr persönliches, familiäres, schulisches und gesellschaftliches Leben berichten.

Das Erzählen von Geschichten wurde in Jugendentwicklungsprogrammen als Interventionsstrategie eingesetzt.

Die Untersuchung sollte Morrills Arbeit weiterführen, um herauszufinden, ob das Erzählen von Geschichten nicht nur eine Intervention sein kann, sondern auch eine Forschungsmethode, die Jugendlichen hilft, Faktoren zu identifizieren, die ihnen geholfen haben.

Das Ziel der Untersuchung war es, eine Beschreibung der Erfahrungen der jugendlichen Teilnehmer hinsichtlich ihrer Programme zu erhalten.

Setting

Das Programm in Los Gatos wurde als Reaktion auf eine umfassende Bedarfsanalyse von Lehrern, Mitarbeitern, Schülern, Eltern und anderen Mitgliedern dieser 1100 Einwohner zählenden Gemeinde initiiert.

Das Programm bestand aus folgenden Hauptkomponenten: Alphabetisierungsunterricht (Lesen und Sprache), Technologieunterricht, Freizeitaktivitäten und Entwicklung von sozialen und Führungskompetenzen.

Das Wild-Programm richtete sich an obdachlose, missbrauchte und problembelastete Jugendliche und sollte ihnen helfen, Fähigkeiten in den Bereichen gesundes Leben, Überleben, Naturbewusstsein und gemeinnützige Arbeit zu entwickeln.

Zu den erwarteten Ergebnissen des Programms gehörte die Entwicklung eines Verantwortungsbewusstseins gegenüber sich selbst, der Familie und der Gemeinschaft durch die Beachtung von Vorbildern in der Natur.

Alle Projekte wollten mehr über die Gründe für die Wirksamkeit ihrer Programminterventionen erfahren, einschließlich der Frage, ob die Aktivitäten zur sozialen Entwicklung den Jugendlichen neue Fähigkeiten und Einstellungen vermitteln, die auch außerhalb des Programms anwendbar sind.

Auswahl der Teilnehmer

Die für die Erzählprotokolle ausgewählten Teilnehmer wurden von den Programmmitarbeitern als regelmäßige Teilnehmer ausgewählt.

Diese homogene Stichprobe ermöglichte die Bewertung derjenigen, bei denen der größte Effekt des Programms erreicht wurde, da diese Jugendlichen sich selbst für eine regelmäßige Teilnahme entschieden hatten.

Datenerhebung

Studentische Forschungsassistenten (RAs) führten die folgenden zwei Aufgaben in kleinen Gruppen an den Programmstandorten durch, wobei sie von Programmmitarbeitern begleitet wurden.

Die RAs übten die Durchführung im Vorfeld; von den Teilnehmern und Eltern wurden Einverständniserklärungen eingeholt; und die RAs wiesen die Schüler darauf hin, dass ihre schriftlichen Antworten nicht mit ihrem Namen versehen würden, und auch die Antworten in der Gruppenerzählung würden nicht mit ihrem Namen versehen.

3 Storytelling und Kultur

In Anlehnung an die Arbeit von Nelson (2) wurden kleine Gruppen von Jugendlichen an jedem Projektstandort gebeten, eine Geschichte über eine fiktive Figur zu schreiben, die an der Gruppe teilnahm, sich Prüfungen stellte, Helfer erhielt und sich am Ende der Geschichte in irgendeiner Weise veränderte, entweder negativ oder positiv.

Die Teilnehmer wurden von den Forschungsassistenten in keiner Weise dazu aufgefordert, erwünschte Antworten zu geben, sondern die RAs unterstützten die Gruppe bei der Erarbeitung ihrer eigenen Geschichte.

Ergebnisse

Die Analyse der schriftlichen Äußerungen der Teilnehmer ergab außerdem, dass in jedem der Programme offenbar mehrere schützende Faktoren vorhanden waren oder verstärkt wurden.

Soziale Unterstützung und Aktivitäten sind für den Erfolg des Programms von zentraler Bedeutung „Ich erinnere mich, dass wir im Sommer nach Disneyland gefahren sind und wir alle eine tolle Zeit hatten ... Dieser Ausflug hat uns alle näher zusammengebracht und uns mit allen verbunden."

Erhöhtes Engagement für die Schule durch die Teilnahme am Programm „Es hat mir geholfen, mich zu verändern, indem ich Spaß hatte und gute Noten bekam ..."

Über alle Programme hinweg konzentrierte sich die größte Zahl der herausragenden Formulierungen auf das Thema soziale Unterstützung.

Kleine Gruppen von Teilnehmern wurden von einem Forschungsassistenten angeleitet, eine Geschichte über eine „dritte Person" zu schreiben, die an demselben Programm teilgenommen hatte, an dem auch sie selbst beteiligt waren.

Diskussion

Im Rahmen des Resilienzmodells oder des Modells des sozialen Lernens könnte man spekulieren, dass die positive Erfahrung in einer sozialen Gruppe zu einem positiven Selbstbild und Selbstvertrauen geführt hat oder dazu diente, soziale Fähigkeiten in einem sicheren Umfeld zu vermitteln.

Aus diesen Daten geht hervor, dass jedes der in der Literaturübersicht vorgestellten Modelle der Jugendentwicklung als Hilfsmittel zum Verständnis des Prozesses dienen könnte.

Die Bedeutung positiver sozialer Bindungen zu Gleichaltrigen und Erwachsenen scheint die Jugendlichen zu umgeben, damit sie sich erfolgreich im schulischen Umfeld bewegen können.

Als Forschungsmethode erwiesen sich die schriftlichen Erzählungen und das Gruppenprotokoll zum Storytelling als wirksam, um spezifische intervenierende Faktoren in diesen drei Jugendprogrammen herauszuarbeiten.

Auf der Grundlage der aktuellen Studie sollten Jugendförderprogramme positive Interaktionen zwischen Gleichaltrigen, unterstützende erwachsene Betreuer, eine familiäre Atmosphäre, Aktivitäten und Kompetenztraining umfassen.

Hinweis

Maschinell erstellte Zusammenfassung basierend auf der Arbeit von Nelson, Annabelle; McClintock, Charles; Perez-Ferguson, Anita; Shawver, Mary Nash; Thompson, Greg, 2008, in Child & Youth Care Forum.

Kreativität und Fiktion: Interpretationshorizonte zum Entstehen des Neuen im Verhältnis von Individuum und Kultur

DOI: https://doi.org/10.1007/s12124-020-09583-8

Abstract – Zusammenfassung

Die klassischen Kreativitätsansätze sollen weiterentwickelt werden, indem die ungewöhnliche und mehrdeutige, affektiv-singularisierende und zugleich alltagskulturelle Seite der Perspektive des Möglichen und Neuen im menschlichen Handeln in den Mittelpunkt gestellt werden.

Der Artikel konzentriert sich auf die Fiktion als psychische Realität, die Teil des intersubjektiven Feldes ist, das der kreativen Dynamik innewohnt, sowie auf die Affektivität in der Boesch'schen Grammatik vom Ort der Ambivalenz und der Dynamik zwischen Mythen und Phantasmen in den Formen der Sinnkonstruktion angesichts beunruhigender Erfahrungen und der Ungewissheit über die Zukunft.

Die Diskussion der Daten zielt darauf ab, die Lektüre über die Art und Weise der Fiktionalisierung der gelebten Erfahrung, durchdringend für die alltägliche Handlung des Selbst und dessen Beziehung zur Kreativität in die Zukunft des menschlichen Handelns zu erweitern.

Einleitung

Durch die theoretisch-konzeptionelle Abgrenzung und den empirischen Zugang wird das kreative Handeln eher als eine Eigenschaft des Individuums denn als ein Entwicklungsprozess verstanden, der durch ein Erfahrungspotenzialfeld gekennzeichnet ist, das in der

Beziehung zwischen Individuum und Kultur angesiedelt ist (Glaveanu 5; Kuo 6, Alencar u. a. 7; Wechsler 8).

Der Artikel zielt darauf ab, im Lichte des semiotisch-kulturellen Konstruktivismus in der Psychologie (Simão 3; 4) einen Beitrag zur Erforschung schöpferischer Prozesse zu leisten, indem über das Entstehen des Neuen in der Beziehung zwischen Selbst und Welt nachgedacht wird, mit besonderem Augenmerk auf die Affektivität, die angesichts des Widerstands und der Zweideutigkeit der Objekte des Handelns und all dessen, was der Ordnung des Nicht-Selbst angehört, ausbricht.

Die klassischen Kreativitätsansätze sollen weiterentwickelt werden, indem diese auf dem ungewöhnlichen und mehrdeutigen, affektiv-singularisierenden und zugleich angesichts der alltagskulturellen Perspektive des Möglichen und Neuen im menschlichen Handeln bestehen.

Fiktion als psychische Realität: Ambiguität in der intersubjektiven Dynamik

Ausgehend von der Aussage der Literatur und ihrer Annäherung an die subjektive Erfahrung könnte die Fiktion als ein alles durchdringendes Geflecht gelesen werden, das sich mit dem Bereich des Möglichen, des Unsichtbaren, mit der Potenzialität der Vielfältigkeit artikuliert, die in der Entstehung dessen enthalten ist, was als Wahrheit, als Sinnkonstruktion imponiert (Pinheiro und Simão 9).

Die phänomenologische Erscheinung von Fiktion in der Beziehung zwischen dem Selbst und der Anderen gibt Hinweise auf intersubjektive, ästhetisch-affektive und potenziell kreative Dimensionen menschlicher Beziehungen. 2) Die Fiktion als psychische Realität beteiligt sich an den Möglichkeiten der Erweiterung der Versionierung der Ambiguitäten, die in der Grenzfläche der Beziehung zwischen dem Selbst und der Anderen erfahren werden, und signalisiert die Perspektive, die in der affektiven Semiose der persönlichen Ausarbeitung des Gelebten in der kulturellen und intersubjektiven Arena entsteht. 3) Das Auftauchen des Neuen und seines potenziellen Umfeldes ist in der menschlichen Erfahrung nur durch die Dimension der komplexifizierenden Offenheit des objektiven Sinns und der Vielfalt des Möglichen denkbar, die von der Ebene des sprachlichen Zeichens bis zu den menschlichen Beziehungen und der Entstehung kultureller Emergenz auftaucht.

Aktionspotenzial und Ambivalenz im Prozess der Entstehung des Neuen

In diesem entwickelten theoretischen Weg wird die Entstehung von Neuheit als ein Prozess verstanden, der Folgendes impliziert: 1) Die Aggressivität des Selbst, das von seiner affektiv-kognitiven Basis aus Wege zur Überwindung von Mehrdeutigkeiten sieht, die der

Heterogenität kultureller Zeichen eigen sind, sowie die Ambivalenzen, die vor dem Widerstand der Objekte der Handlung erfahren werden. 2) Intersubjektivität, als ein Feld, das die Konvergenz von Bedeutung begünstigt und in die Möglichkeit des gegenseitigen Verstehens investiert, wird auch als Fenster zur ästhetischen Erfahrung gedacht, das die Sinne des alltäglichen Geflechts des Lebens, seine (außer)gewöhnliche Potenzialität, verstärkt. 3) Daher erfordert die Fiktion, als ein psychisches Register, das die Objektivität des Gelebten subjektiviert, die Betrachtung von Phantasmen angesichts der potenziellen Alterität des Lebens.

Kurze Interpretationsübung

In dieser ersten Aushandlung von Bedeutungen zwischen den teilnehmenden Autoren taucht der Name des Hauptdarstellers als erste Strategie auf, die zu Beginn der Aktivität durchgeführt werden muss, und zwar in Bezug auf seine Fähigkeit, auf die gegebene Aufgabenstellung zu reagieren: „eine Figur, die in einer Schule lernt, in der nichts unmöglich ist".

Auf dieser Reise können die Flip-Flops von Hawaiianern als Symbol einer affektiv-kognitiven Anpassung gelesen werden, um eine Schule zu „fiktionalisieren", die sich so sehr von der eigenen unterscheidet, was noch verstärkt wird, wenn es heißt, die Figur sei wie eine Prinzessin gekleidet.

In einer Art metonymischer Kontinuität von allem, was erlaubt ist, wie z. B. mit hawaiianischen Flip-Flops zur Schule zu gehen, erscheint der als Prinzessin verkleidete Junge als eine weitere symbolische Konstruktion einer bestimmten narrativen Zentralität, die auf unerklärliche Weise im Bereich der Verhandlungen zwischen den Autoren aufbricht.

Hinweis

Maschinell erstellte Zusammenfassung basierend auf der Arbeit von Pinheiro, Marina Assis; Simão, Lívia Mathias, 2020, in Integrative Psychological and Behavioral Science.

Demografisches Storytelling: Die Bedeutung der Narrative

DOI: https://doi.org/10.1007/s12397-014-9122-1

Feministische Erzählungen: Unsere Forschung, unser Selbst

Harding (10) formuliert die Frage der Objektivität wie folgt: Konventionelle Vorstellungen hinsichtlich wissenschaftlicher Methoden ermöglichen es Wissenschaftlern, relativ gut darin zu sein, jene sozialen Interessen und Werte aus den Forschungsergebnissen zu eliminieren, die innerhalb der wissenschaftlichen Gemeinschaft unterschiedlich sind ... Aber die wissenschaftliche Methode bietet keine Regeln, Verfahren oder Techniken, um soziale Belange und Interessen, die von allen (oder praktisch allen) Beobachtern geteilt werden, überhaupt zu identifizieren, geschweige denn zu eliminieren, und sie ermutigt auch nicht dazu, Beobachter mit unterschiedlichen sozialen Überzeugungen ausfindig zu machen, um die Effektivität der wissenschaftlichen Methode zu erhöhen.

Aus dieser feministischen Kritik ergeben sich zwei Aspekte, die für den breiteren Diskurs, in dem Soziodemografie praktiziert wird, von Bedeutung sind: dass Objektivität mit Wertannahmen über unsere soziale Welt und darüber, wie man sie am besten „kennt", behaftet ist, und dass Sozialwissenschaft und Sozialwissenschaftler tief in die soziale Welt eingebettet sind, von der sie ein Teil sind.

Narrative über Erosion/Resilienz

In einem kürzlich erschienenen Aufsatz, der die Forschung zur jüdischen Identität untersucht, zeigt Hartman (11), wie die Forschung hinsichtlich dreier narrativer Dimensionen variiert: wie sehr Assimilation (oder wahrgenommener Verlust) im Gegensatz zu Transformation (oder wahrgenommenem Gewinn) betont wird; wie inklusiv oder exklusiv jüdische Grenzen gedacht werden; und wie die Natur dessen, was als „authentische" jüdische Identität angesehen wird, eingerahmt wird.

Die narrativen Rahmen und die Sprache, die Fragen der Kontinuität (Erosion/Resilienz) umgeben, sind allesamt umstritten: Wer ist ein Jude (wobei einige gerade das Segment der jüdischen Bevölkerung, das wächst, als Zeichen der Erosion bezeichnen); was zählt als jüdisch; die Debatten über die Distanzierung von Israel, die sich sprachlich von der Distanzierung zur Erosion bewegen; und die Debatten über die Säkularisierungstheorie, die einen geraden oder manchmal zirkulären, letztlich aber einen linearen Weg zur Assimilation und eine klare Unterscheidung zwischen dem Heiligen und dem Säkularen nahelegen.

Ob man diese Ergebnisse als „echtes" Wachstum oder als Zeichen der Erosion betrachtet, hängt vom Standpunkt des Forschers ab – ideell/philosophisch/intellektuell – und davon, welchen Platz die Religion in unserem Verständnis der jüdischen Identität einnimmt (siehe insbesondere Kaufman 12).

Übungen zur Selbstreflexion: Narrative, Demografie und fünf Forscher

Neben der Selbstreflexion über die Erzählungen, die an der Schnittstelle zwischen persönlicher Biografie und professioneller Forschung entstehen, befasst sich DellaPergola [45] auch mit Erzählungen als qualitativem Forschungsansatz.

Obwohl Kosmin [46] den quantitativen Analysen und den leistungsstarken Instrumenten der statistischen Analysen zugetan ist, konzentriert er sich mehr auf die politische Nutzung der Umfrageforschung (und die quantitativen Narrative, die sie unterstützen) als auf ihre Vorteile gegenüber qualitativen Ansätzen.

So wie der europäische Kontext nach dem Holocaust die Entscheidungen und Werte widerspiegelt, die DellaPergola und Kosmin beeinflusst haben, spiegeln die Geschichten der beiden in den USA geborenen Demographen (Hartman und Phillips) ihr Aufwachsen im Kontext der Identitätspolitik der 1960er-Jahre, der Bürgerrechtsnarrative (Phillips und Hartman) und der Frauenbewegung (Hartman) wider.

In gewisser Weise belebt Phillips' Aufsatz einige der älteren Erzählungen über die Beziehung zwischen (und die Messung von) Ethnizität und Religion in der zeitgenössischen jüdischen Identitätsforschung wieder.

Schlussfolgerungen

Jeder Autor reflektiert über die Bedeutung des sozialen Standorts (oder, wie Harding es nennen würde, des Standpunkts), der sie zu bestimmten Themen führt und sie auf bestimmte Erzählungen über die Bedeutung und den Sinn ihrer Arbeit festlegt.

Die meisten reflektieren die Grenzen quantitativer Analysen und die Bedeutung narrativer Ansätze, um neue Wege aufzuzeigen und die Bedeutung und das Ausmaß zeitgenössischer jüdischer Identitäten genauer zu erforschen.

Die Erzählungen der einzelnen Autoren lassen erkennen, auf welche Weise sie die Sorgen um die jüdische Identität als Juden teilen und wie sie diese Themen zum Gegenstand ihrer Forschung gemacht haben, was vielleicht das widerspiegelt, was Berman (13) als den „schmalen Grat" zwischen Forschern und ihrer Forschung bezeichnet.

Michael Burawoy (14) behauptet, das „Projekt der Wissenschaft, von den Epistemologien bis zu den Theorien, von den Methodologien bis zu den Techniken, ist zutiefst von der sozialen Welt durchdrungen, in die die Wissenschaft eingebettet ist" (S. 398).

Hinweis

Maschinell erstellte Zusammenfassung basierend auf der Arbeit von Kaufman, Debra Renee, 2014, in Contemporary Jewry.

Das Erzählen der kollektiven Geschichte? Marokkanisch-niederländische junge Erwachsene handeln eine kollektive Identität durch Storytelling aus

DOI: https://doi.org/10.1007/s11133-012-9241-5

Abstract – Zusammenfassung

Forscher, die die Identität aus einer sozialkonstruktivistischen Perspektive betrachten, sind sich einig, dass Identitäten in der Interaktion konstruiert und ausgehandelt werden.

3 Storytelling und Kultur

Wie Identitäten in der Interaktion mit Mitgliedern der eigenen Gruppe ausgehandelt werden, ist noch wenig erforscht.

Wir verwenden einen narrativen Ansatz, um die Identitätsaushandlung unter marokkanisch-niederländischen jungen Erwachsenen zu untersuchen, die sowohl eine ethnische als auch eine religiöse (muslimische) Minderheit in den Niederlanden darstellen.

Wir stellen fest, dass marokkanisch-niederländische junge Erwachsene ihre Erfahrungen in der niederländischen Gesellschaft kollektiv als Diskriminierung und Ungerechtigkeit bezeichnen.

Fest verankert im Mediendiskurs und im Volksmund entsteht ein kollektives Narrativ von einer benachteiligten Minderheitenidentität.

Wir verwenden das Konzept der „zweiten Geschichten", um zu erklären, wie die Teilnehmer ihre kollektive Identität aushandeln, indem sie abwechselnd Geschichten erzählen, in denen die kollektive Erfahrung der Entbehrung bekräftigt wird, und Geschichten, in denen die kollektive Erfahrung in Frage gestellt oder neu bewertet wird.

Marokkanisch-niederländische junge Erwachsene

In den Niederlanden sind marokkanisch-niederländische junge Erwachsene mit negativen Ansichten über ihre ethnische Herkunft und ihren religiösen Hintergrund konfrontiert.

Zu den Folgen gehört, dass marokkanisch-niederländische junge Erwachsene nicht mehr ihren ethnischen Hintergrund, sondern ihren religiösen Hintergrund als positive Identifikationsquelle betonen (De Koning 15; Ketner 16).

Im Gegensatz zur (niederländischen) nationalen Identifikation, die als exklusiv erlebt wird, ist die Zugehörigkeit zur globalen muslimischen Gemeinschaft (Ummah) inklusiv: Die Identifikation als Muslim geht sowohl über die marokkanische als auch die niederländische Identifikation hinaus (De Koning 15; Ketner 16).

Im Gegensatz zum ethnischen Hintergrund muslimischer Jugendlicher in Westeuropa stellt der Islam eine Quelle der Stabilität und Orientierung in einer komplexen und manchmal feindlichen Welt dar.

In einer öffentlichen Kontroverse über ihre ethnische und religiöse Identität gefangen und weit verbreiteten Stereotypen ausgesetzt, haben diese jungen Erwachsenen Mühe, in einem Alter, in dem dies besonders wichtig ist, positive Quellen der Identifikation zu finden (Kinnvall und Nesbitt-Larking 17; Sirin et al. 18).

Storytelling und Identität

Die Geschichten, die Menschen erzählen, geben Aufschluss darüber, wie sie sich selbst und ihre soziale Welt wahrnehmen.

Insbesondere die autobiografische Geschichte wird als Ausdruck der Identität untersucht: Das Erzählen der eigenen Lebensgeschichte hilft dem Einzelnen, seinen Erfahrungen einen Sinn zu geben und ein Gefühl für sich selbst zu entwickeln (McAdams 19; Polkinghorne 20).

Forscher haben das Konzept des kollektiven Narrativs entwickelt, um eine Sammlung von Geschichten mit ähnlichen Themen zu bezeichnen, die von Gruppenmitgliedern verbreitet werden (Cornell 21; Plummer 22; Salzer 23).

Während die frühe Forschung zur narrativen Identität dazu tendierte, sich auf lange persönliche Erzählungen zu stützen, die in Interviews, klinischen Begegnungen und autobiografischen Schriften gewonnen wurden (Freeman 24), haben Wissenschaftler in jüngerer Zeit versucht, die Art von Narrativen zu erfassen, die Menschen in ihrem täglichen Leben erzählen.

Arminen (25) verwendet das Konzept der „zweiten Geschichte", um die Narrative zu beschreiben, die Menschen als Reaktion auf die Geschichten anderer Menschen erzählen.

Analyse des Storytellings in Fokusgruppen

Trotz der Unterschiede zwischen den Gruppen erwarteten wir, dass sich eine kollektive Erzählung herauskristallisieren würde, die die Erfahrungen der Teilnehmer als Marokkaner und Niederländer wiedergibt.

Wir waren der Meinung, dass eine Konzentration auf wiederkehrende Themen und Bewertungen, die von den Gruppenmitgliedern in ihren Geschichten verwendet werden, nützliche Einblicke in die Konstruktion einer kollektiven Identität liefern würde.

In diesen Geschichten beschrieben die Teilnehmer Vorfälle, die sie als typisch für die ungerechte Behandlung ihrer ethnischen Gruppe bezeichneten.

Da die Teilnehmer ähnliche Themen und Einschätzungen in ihren Geschichten zum Ausdruck brachten, schlossen wir daraus, dass sie eine gemeinsame kollektive Erzählung zum Ausdruck brachten.

Um zu untersuchen, ob und wie die kollektive Erzählung marokkanisch-niederländischer junger Erwachsener ausgehandelt wurde, wenn ein bestimmtes Narrativ wiederholt in Gesprächen auftauchte, haben wir alle Bewertungen der betreffenden Narrative analysiert.

Wenn die Teilnehmer im Gespräch mit den Gruppenmitgliedern konträre oder neue Bewertungen des Ereignisses oder der Erfahrung anboten, betrachteten wir das Narrativ als ausgehandelt.

Marokkanisch-niederländische junge Erwachsene handeln ein kollektives Narrativ aus

Andere häufige Themen waren: „Identität" (n = 20), die sich auf Geschichten bezogen, in denen die ethnische oder religiöse Identität des Erzählers das Hauptgesprächsthema war; „Medien" (n = 15), in denen die Massenmedien die Hauptrolle spielten; „Kopftuch tragen" (n = 14), in denen weibliche Teilnehmer über ihre Erfahrungen mit dem Tragen eines

Kopftuchs berichteten; „Fragen" (n = 14), in denen gebürtige Niederländer Fragen über die Kultur und Religion marokkanisch-niederländischer junger Erwachsener stellten; und „Politik" (n = 12), in denen es um Politik im Allgemeinen oder bestimmte Politiker ging.

Viele dieser Geschichten waren das Produkt dessen, was wir als generisches oder gewohnheitsmäßiges Erzählen bezeichneten, d. h. das Berichten von Erfahrungen marokkanisch-niederländischer junger Erwachsener oder von marokkanisch-niederländischen Erfahrungen im Allgemeinen, oder das Berichten von Erfahrungen, die von den Gruppenmitgliedern als gemeinsam angesehen wurden (siehe auch Archakis und Tzanne 26).

Die Gespräche der Teilnehmer über die Position marokkanisch-niederländischer junger Erwachsener auf dem Arbeitsmarkt zeigten, dass die Gruppenmitglieder die Verallgemeinerbarkeit ihrer kollektiven Erzählung aushandelten.

Diskussion und Schlussfolgerung

Wir haben untersucht, wie eine kollektive Identität von einer Gruppe marokkanisch-niederländischer Jugendlicher der zweiten Generation in den Niederlanden ausgehandelt wurde.

Wir haben gezeigt, dass die marokkanisch-niederländische Identität durch ein kollektives Narrativ definiert wird, das von Erfahrungen mit Diskriminierung und Ungerechtigkeit geprägt ist.

Wir haben das Konzept der „zweiten Geschichten" verwendet, um zwei Aspekte des Aushandelns der marokkanisch-niederländischen Identität zu beleuchten.

Durch die Neubewertung alter Narrative oder das Erzählen neuer Narrative luden die Teilnehmer ihr Publikum ein, sich neue Wege zum Verständnis der marokkanisch-niederländischen Identität vorzustellen.

Die marokkanisch-niederländischen jungen Erwachsenen haben in der Fokusgruppe nicht nur Geschichten erzählt und ausgetauscht, sondern auch ihre Identitäten dargestellt.

Da die Teilnehmer uns die Erfahrung vermitteln wollten, eine benachteiligte Minderheit zu sein, haben sie möglicherweise gezögert, Geschichten zu erzählen, die sich auf andere Aspekte ihrer kollektiven Identität beziehen.

Hinweis

Maschinell erstellte Zusammenfassung basierend auf der Arbeit von Prins, Jacomijne; van Stekelenburg, Jacquelien; Polletta, Francesca; Klandermans, Bert, 2012, in Qualitative Sociology.

Traditionelle Lebensweisen und Storytelling: Werkzeuge für die Anpassung und Widerstandsfähigkeit gegenüber Ökosystemveränderungen

DOI: https://doi.org/10.1007/s10745-019-00113-8

Abstract – Zusammenfassung

In diesen Sitzungen wurde ein kollektives Erzähl- und Diskussionsverfahren angewandt, das mit den kulturellen Praktiken der Wabanaki übereinstimmt, um Umweltwissen, Informationen über Umweltveränderungen und deren Auswirkungen auf die traditionellen Lebensweisen (TLW) im zeitlichen Verlauf zu erkunden.

Diese starke und vielschichtige Abhängigkeit von natürlichen Ressourcen und Systemen macht die Wabanaki-Bevölkerung besonders „anfällig" für den Klimawandel, aber auch potenziell widerstandsfähig aufgrund von Geschichten und anderen kulturellen Traditionen, die helfen, Umweltveränderungen zu verarbeiten und zu verstehen.

Wir stellen die Hypothese auf, dass das Erzählen von Geschichten als Mittel zur Verbindung zwischen den Generationen und zur kontinuierlichen Anpassung an den Wandel des Ökosystems sowie zur Erhaltung von Traditionen weiterhin relevant bleibt.

Einleitung

IK (ndigenous knowledge; indigenes Wissen) und indigene Erzähltraditionen unterstützen das Verständnis der Gemeinschaft für die Beziehungen zwischen Arten, Ökosystemen und ökologischen Prozessen und können eine wichtige Rolle bei der Bewertung des Klimawandels und bei Anpassungsmaßnahmen spielen, die eine Brücke zwischen menschlichen und ökologischen Systemen schlagen (Hardison und Williams 31; Voggesser et al. 32; Whyte 33).

Die daraus resultierenden Veränderungen der Ökosysteme und die Einschränkungen der Selbstverwaltung hatten tief greifende Auswirkungen auf die traditionelle Lebensweise und erforderten eine ähnliche Anpassung und Widerstandsfähigkeit, wie wir sie heute beim Klimawandel erwarten können.

Vor dem Hintergrund dieser Überlegungen wollen wir den Wert des Storytellings als Weg zur Erhaltung der kulturellen Identität und der traditionellen Lebensweise angesichts der Umweltveränderungen sowie als Instrument der Kommunikation zwischen Mitgliedern der Gemeinschaft und externen Akteuren aufzeigen.

Die Resilienztheorie wird oft dafür kritisiert, dass sie die Reaktionen der Gemeinschaften auf Umweltveränderungen ausklammert und die sozialen und gemeinschaftlichen Elemente der Verarbeitung von Veränderungen übersieht, die oft in indigenen Erzähltraditionen vorhanden sind (Olsson et al. 34).

3 Storytelling und Kultur

Methoden

In den Sitzungen wurde ein kollektives Erzähl- und Diskussionsverfahren angewandt, das mit den kulturellen Praktiken der Wabanaki übereinstimmt, um Umweltwissen, Informationen über Umweltveränderungen und deren Auswirkungen auf die traditionellen Lebensweisen (TLW) im Zeitverlauf zu erkunden.

Anschließend wurden interessierte Teilnehmer kontaktiert, und es wurde ein geeigneter Zeitpunkt und Ort für jede Erzählsession festgelegt.

Jede Erzählgruppe und die insgesamt 24 Teilnehmer wurden über den Forschungszweck informiert und darüber, dass sie ihre Teilnahme jederzeit ohne Konsequenzen beenden können.

Mit Zustimmung der Teilnehmer wurden die Sitzungen aufgezeichnet.

Ergebnisse und Diskussion

Unsere Analyse der Sitzungsprotokolle zeigt, dass das Erzählen von Geschichten ein Weg ist, um Ethik, Werte und Beziehungen zu vermitteln, und dass es dazu beiträgt, die Traditionen der Wabanaki , die infolge von Umweltveränderungen möglicherweise verloren gegangen sind, zu erhalten und sich wieder mit ihnen zu verbinden.

Mehrere Bürgerinnen und Bürger der Penobscot Nation (PN) erzählten gemeinsam eine Geschichte über Gloskap/Gluskabe, eine spirituelle kulturelle Figur, und das Froschmonster, die oft als „Froschmonstergeschichte" bezeichnet wird.

Bestimmte Geschichten bleiben im Gedächtnis und werden weitergegeben, auch wenn den Wabanki-Bürgern die Ausübung ihrer traditionellen Praktiken wie der Lachsfang (Salmonae spp.) durch die Aufstauung der Flüsse um 1800 nicht mehr möglich ist.

Trotz der jüngsten Umweltveränderungen haben die Ureinwohner ihre Stammeskultur bewahrt und bleiben mit dem Land und den Tieren verbunden, indem sie ihre politische Souveränität ausüben und traditionelle Praktiken, Sprache, spirituelle Verbindungen und soziale Bindungen aufrechterhalten.

Implikationen und Schlussfolgerungen

Mögliche Reaktionen der Ökosysteme auf den Klimawandel erfordern möglicherweise eine besondere Anpassung im Zusammenhang mit der Bewirtschaftung landwirtschaftlicher und natürlicher Ressourcen sowie eine fortgesetzte Anpassung der traditionellen Lebensweise, um den Fortbestand der kulturellen Praktiken zu gewährleisten (Daigle und Putnam 28).

Um die Literatur zur Anpassung an den Klimawandel zu ergänzen, befasst sich unsere Forschung mit an die Kultur adaptierten Methoden und Erkenntnissen, die den Verwaltern natürlicher Ressourcen, Stammesmitgliedern und anderen Interessenvertretern bei der Planung und Bewältigung von Klimaauswirkungen sowie nicht klimabedingten Faktoren, die Ökosysteme beeinflussen, helfen können.

Wabanaki-Bürger erzählten von veränderten Umgebungen, die die Trennung von der Natur und die Anpassung zur Aufrechterhaltung der Beziehungen zur Natur und zu den Traditionen beeinflussen.

Die kulturelle Relevanz des Storytellings kann dazu beitragen, dass die kulturellen Prioritäten und Perspektiven der Stämme bei der Forschung in den indigenen Gemeinschaften in den Vordergrund rücken und mit den besten wissenschaftlichen Methoden bei der Entwicklung von Anpassungsstrategien integriert werden.

Hinweis

Maschinell erstellte Zusammenfassung basierend auf der Arbeit von Daigle, John J.; Michelle, Natalie; Ranco, Darren J.; Emery, Marla R., 2019, in Human Ecology.

Umgang mit kultureller Spezifität und kultureller Einbettung bei der Internationalisierung: Kulturelle Strategien von japanischen Handwerksbetrieben

DOI: https://doi.org/10.1057/s41267-020-00330-0

Abstract – Zusammenfassung

Dies ist eine besondere Herausforderung für Hersteller kulturspezifischer Produkte, d. h. von Produkten, die außerhalb ihres ursprünglichen kulturellen Umfelds wenig bekannt sind, wenig verstanden oder geschätzt werden, und deren Nutzen oft tief in lokalen Konventionen und Traditionen eingebettet ist.

Um zu untersuchen, wie kleine und mittelständische Unternehmen (KMU) bei der internationalen Expansion Spannungen zwischen der kulturellen Besonderheit von Produkten und der kulturellen Einbettung von Betrieben bewältigen, haben wir eine multiple Fallstudie über japanische Hersteller von Kunsthandwerk mit Sitz in Kyoto durchgeführt.

Unsere Ergebnisse zeigen, dass die Produktanpassung ein fortlaufender Prozess ist, der mit der internationalen Expansion eines Unternehmens einhergeht, da Produzenten und Zwischenhändler nach Wegen suchen, um kulturelle Unterschiede zu überbrücken.

Einleitung

Eine Anekdote, die von einem unserer Interviewpartner erzählt wurde, veranschaulicht, wie die Internationalisierung eines Unternehmens, dessen Produkte und Geschäftsabläufe auf inländischen Traditionen beruhen, von den Managern verlangt, über die Akzeptanz ausländischer Kunden für Objekte nachzudenken, die sie möglicherweise nicht vollständig verstehen, und Möglichkeiten zu erkunden, die Art und Weise, wie Produkte entworfen, produziert und/oder verkauft werden, anzupassen, um in- und ausländische Werte, Traditionen und Vorlieben in Einklang zu bringen.

Wie können also KMU bei ihrer internationalen Expansion die Spannungen zwischen der kulturellen Besonderheit der Produkte (die die Attraktivität für ausländische Kunden einschränkt) und der kulturellen Einbettung der Betriebe (die die Anpassung an ausländische Märkte einschränkt) bewältigen?

Die erste Besonderheit, die wir als selektives Targeting bezeichnen, zeichnet sich dadurch aus, dass man sich der kulturellen Besonderheiten der eigenen Produkte relativ bewusst ist, sich aber auch weigert, sie anzupassen, und sich stattdessen auf potenziell aufnahmefähige Segmente der ausländischen Märkte konzentriert.

Theoretischer Hintergrund

Die Produktanpassung scheint besonders wichtig zu sein, wenn kulturelle Unterschiede zwischen Herkunfts- und Aufnahmemarkt bestehen (Cavusgil u. a., 36).

Die Anpassung kulturspezifischer Produkte an ausländische Märkte kann jedoch problematisch werden, wenn kulturelle Spezifität mit Einbettung in die Kultur gekoppelt ist.

Insbesondere KMU, die sich in Familienbesitz befinden, weisen tendenziell einen vergleichsweise geringeren Auslandsumsatz auf, mit Ausnahme von Unternehmen, die in globalen Nischen tätig sind und standardisierte Produkte weltweit verkaufen können, auch wenn sie nicht über interkulturelle Kompetenzen und internationale Marketingunterstützung verfügen (Arikan et al. 37; Hennart et al. 38).

Dieser Mangel an Tiefenwahrnehmung und Detailgenauigkeit erscheint besonders problematisch bei kulturspezifischen und kulturell eingebetteten Produkten, bei denen es nicht ausreicht, dass die Vermittler im Gastland den lokalen Markt und die Kultur kennen, um eine wirksame Unterstützung zu bieten, sondern ein gewisses Maß an Vertrautheit mit der Kultur im Heimatmarkt des Herstellers wesentlich sein kann, um den Verkauf vor Ort zu erleichtern.

Forschungsmethode

Die zehn Unternehmen gehörten einer Vereinigung von Herstellern traditioneller Handwerksprodukte an, die mit dem Ziel gegründet worden war, die Internationalisierung bei ihren Mitgliedern zu fördern (zwei der zwölf Mitglieder verweigerten uns den Zugang).

In der ersten Interviewrunde stellte der Erstautor grundlegende Fragen zur Firmengeschichte, zu den Tätigkeiten und Produkten des Unternehmens, zu seinen Beziehungen zur lokalen Gemeinschaft sowie zum Internationalisierungsprozess und seinen Ergebnissen.

Die drei internationalen Veranstaltungen ermöglichten es dem Erstautor, direkt zu beobachten, wie die Produkte dieser Unternehmen im Rahmen von Initiativen, die kulturelle und kommerzielle Werbung für japanische Produkte kombinierten, ausländischen Kunden präsentiert und vermarktet wurden.

Zunächst wurden Transkripte, Feldnotizen und Archivmaterial untersucht, um ein umfassendes Verständnis der sich abzeichnenden Themen zu entwickeln, wie z. B. die einzigartigen Merkmale der handwerklichen Produkte und Produktionsprozesse sowie die Beziehung dieser Unternehmen zur lokalen Gemeinschaft in Kyoto und wie diese die Internationalisierung sowohl positiv als auch negativ beeinflussten.

Ergebnisse

Während die meisten Unternehmen ihre Zurückhaltung schließlich überwanden und die Möglichkeit erkannten, das Produktdesign zu ändern, um den lokalen Vorlieben gerecht zu werden, behielten einige ihre Strategie im zeitlichen Verlauf bei, da sie feststellten, dass ihre Zielkunden ihre Produkte als echtes japanisches Kunsthandwerk mehr schätzten, als sie erwartet hatten.

Man könnte argumentieren, dass diese Strategie bei Kunden, die, wenn überhaupt, nur mäßige Kenntnisse über die einheimische Kultur und Tradition des Handwerksunternehmens besitzen, effektiver sein könnte, da diese Kunden – wie einige von uns befragte Zwischenhändler erwähnten – Produkte leichter akzeptieren, die, da sie so umgestaltet wurden, dass sie den ausländischen Geschmack ansprechen, nicht mehr als authentischer Ausdruck der Traditionen angesehen werden. Siehe Spielmann (41) und Magnusson et al (42) für Untersuchungen, die die negativen Auswirkungen eines wahrgenommenen Mangels an kultureller Authentizität auf die Verbraucherpräferenzen zeigen; siehe He und Wang (43) und Nie und Wang (44) für Untersuchungen, die zeigen, wie wichtig die wahrgenommene Kompatibilität lokaler und fremder kultureller Elemente für die Akzeptanz von Produkten ist, die Elemente aus verschiedenen Kulturen kombinieren.

Es ist wichtig zu verstehen, dass sich diese Strategien nicht gegenseitig ausschließen – in der Tat zielten einige Unternehmen selektiv auf einige Märkte ab, während sie sich an andere anpassten und gleichzeitig die Umsetzung in neuartige Produktlinien erkundeten –, sondern dass sie nacheinander und/oder in Kombination angewandt werden können, um einem Unternehmen zu helfen, seinen internationalen Absatz zu steigern, indem es sich nur teilweise überschneidende Kundenpools erschließt.

Diskussion

Unsere Ergebnisse weichen auch von der bisherigen Forschung ab, indem wir die Produktanpassung nicht als eine eindeutige Entscheidung darstellen, sondern als einen fortlaufenden Prozess, der sich zusammen mit der internationalen Expansion eines Unternehmens entfaltet und das kumulative Ergebnis zahlreicher Entscheidungen darüber ist, wie ein Produkt zu gestalten, zu produzieren, zu positionieren, zu präsentieren und zu vorzustellen ist. Manche Entscheidungen werden bewusst, manche improvisiert, manche zu Hause, manche vor Ort getroffen, während Produzenten und Zwischenhändler nach Wegen suchen, kulturelle Unterschiede zu überbrücken und kulturelle Besonderheiten zu kompensieren und die durch die kulturelle Einbettung auferlegten Einschränkungen zu überwinden.

Die Manager gingen allmählich von der bloßen Kenntnis kultureller Besonderheiten – was zu einer selektiven Suche nach einem sachkundigen und aufgeschlossenen Publikum führte – zu einer reflexiveren Auseinandersetzung mit kulturellen Unterschieden über, indem sie beispielsweise untersuchten, welche Designelemente modifiziert werden könnten, um die Kompatibilität der Produkte mit den Wertesystemen und Lebensgewohnheiten ausländischer Kunden zu erhöhen, ohne dabei traditionelle Techniken oder Materialien zu verändern.

Obwohl wir diese Erkenntnisse durch eine Studie über kulturspezifische Produkte gewonnen haben, scheint es vernünftig zu erwarten, dass Zwischenhändler die Anpassung auch in weniger extremen Fällen kultureller Unterschiede auf ähnliche Weise unterstützen.

Schlussfolgerungen

Im Rahmen unserer Studie wurden drei verschiedene Strategien ermittelt, mit denen Unternehmen bei der Internationalisierung die Anpassungsfähigkeit kulturspezifischer Produkte und die kulturelle Einbettung ihrer Geschäftstätigkeit berücksichtigen können.

Die zunehmende Vertrautheit mit internationalen Aktivitäten und internationalen Märkten hat im Allgemeinen dazu geführt, dass die drei Strategien nacheinander angewandt wurden. Neun von zehn Unternehmen wählten eine selektive Ausrichtung, als sie mit der Internationalisierung begannen, und führten Produktanpassungen erst ein, nachdem sie die Geschmäcker und Vorlieben im Ausland besser kennengelernt und verstanden hatten.

In dieser Hinsicht ging unsere Studie auf eine kürzlich erhobene Forderung ein, Internationalisierungsstrategien in der Kulturindustrie eingehender zu untersuchen (Wang u. a., 39), indem sie beginnt, die Spannungen zu entschlüsseln, die kleine, markenlose Hersteller kulturspezifischer Produkte bei ihrer Internationalisierung erleben.

Zukünftige Forschungen könnten auch untersuchen, ob und wie sich die Herausforderungen, denen sich internationalisierende Unternehmen gegenübersehen, und die ihnen zur Verfügung stehenden Lösungen in Fällen ändern, in denen die kulturelle Spezifität der Produkte nicht mit der kulturellen Einbettung der Geschäftstätigkeit verbunden ist.

Anmerkung

Es ist wichtig zu beachten, dass die kulturelle Besonderheit von der relativen Verbreitung des relevanten kulturellen Wissens auf den internationalen Märkten abhängt (Fan und Tan, 40).
Hinweis

Maschinell erstellte Zusammenfassung basierend auf der Arbeit von Sasaki, Innan; Nummela, Niina; Ravasi, Davide, 2020, im Journal of International Business Studies.

Literatur

1. Nelson, A. (1998b). The learning wheel: Holistic and multicultural lesson planning. Tucson, AZ: Zephyr Press.
2. Nelson, A. (2005b). The storytelling project. The WHEEL Council.
3. Simão, L. (2010). Ensaios dialógicos: compartilhamento e diferença nas relações eu-outro. São Paulo: Hucitec.
4. Simão, L. (2007). Why otherness in the research domain of semiotic-cultural constructivism? In: L. M. Simão & J. Valsiner (orgs.), Otherness in question: Labyrinths of the self (pp. 11–35). Charlotte: Information Age Publishing.
5. Glaveanu, V. (2009). The cultural genesis of creativity: An emerging paradigm. Revista de Psihologie școlară 2(4), 50–63. Disponível: https://bit.ly/2uPalIv. Access: 03/03/2020.
6. Kuo, H. C. (2011). Toward a synthesis framework for the study of creativity in education: an initial attempt. Educate, 11(1). Disponível: https://bit.ly/3an6GAQ. Access 03/03/2020.
7. Alencar, E., Fleith, D., & Bruno-Faria, M., et al. (2010). A medida da criatividade: possibilidades e desafios. In L. Pasquali (Ed.), Instrumentação psicológica: Fundamentos e práticas (pp. 324–341). Em: Artmed.
8. Wechsler, S. M. (1995). O desenvolvimento da criatividade na escola: Possibilidades e implicações. Estudos de Psicologia, 12, 81–86.
9. Pinheiro, M., & Simão, L. (2020). Fiction. In Glaveanu, P. (Ed.) The Palgrave Encyclopedia of the Possible (pp. 1–10). Springer International Publishing. https://doi.org/10.1007/978-3-319-98390-5_95-1.
10. Harding, Sandra. 2004. Rethinking standpoint epistemology: What is "strong objectivity"? In The Feminist standpoint theory reader, ed. S. Harding, 127–140. New York, NY: Routledge.
11. Hartman, Harriet. 2014. Studies of Jewish identity and continuity in the United States: Competing, complementary, and comparative perspectives. In Studies in Contemporary Jewry, ed. Uzi Rebhun, vol. 27 (forthcoming).
12. Kaufman, Debra. 2005. The place of Judaism in American Jewish identity. In Cambridge companion to American Judaism, ed. Dana Kaplan. Cambridge: Cambridge University Press.
13. Berman, Lisa C. 2009. Speaking of Jews: Rabbis, intellectuals, and the creation of an American public identity. University of California Press.
14. Burawoy, Michael. 2011. The last positivist. Contemporary Sociology 40(4): b396–b404.
15. De Koning, M. 2008. Zoeken naar een 'zuivere' islam. Geloofsbeleving en identiteitsvorming van jonge Marokkaans-Nederlandse moslims. Amsterdam: Bert Bakker.
16. Ketner, S. 2008. Marokkaanse wortels, Nederlandse grond. Exploratie, bindingen en identiteitsstrategieën van jongeren van Marokkaanse afkomst. Groningen: University of Groningen.
17. Kinnvall, C., and P. Nesbitt-Larking. 2011. Citizenship regimes and identity strategies among young Muslims in Europe. In Identity and participation in culturally diverse societies, ed. A. Azzi, X. Chryssochoou, B. Klandermans, and B. Simon, 195–219. West Sussex: Wiley-Blackwell.
18. Sirin, S.R., N. Bikmen, M. Mir, M. Fine, M. Zaal, and D. Katsiaficas. 2008. Exploring dual identification among Muslim-American emerging adults: A mixed methods study. Journal of Adolescence 31: 259–279.
19. McAdams, D.P. 2001. The psychology of life stories. Review of General Psychology 5(2): 100–122.

20. Polkinghorne, D.E. 1988. Narrative knowing and the human sciences. Albany: State University of New York Press.
21. Cornell, S. 2000. That's the story of our life. In We are a people: Narrative and multiplicity in constructing ethnic identity, ed. P. Spickard and J. Burroughs, 41–53. Philadelphia: Temple University Press.
22. Plummer, K. 2001. Documents of life 2: An invitation to a critical humanism. London: Sage.
23. Salzer, M.S. 1998. Narrative approach to assessing interactions between society, community and person. Journal of Community Psychology 26(6): 569–580.
24. Freeman, M. 2007. Life "on holiday"? In defense of big stories. In Narrative – state of the art, ed. M. Bamberg. Amsterdam: John Benjamins.
25. Arminen, I. 2004. Second stories; The salience of interpersonal communication for mutual help in Alcoholics Anonymous. Journal of Pragmatics 36: 319–347.
26. Archakis, A., and A. Tzanne. 2005. Narrative positioning and the construction of situated identities. Evidence from conversations of a group of young people in Greece. Narrative Inquiry 15(2): 267–291.
27. Nievers, E., and I. Andriessen. 2010. Discriminatiemonitor niet-westerse migranten op de arbeidsmarkt 2010. Den Haag: Sociaal Cultureel Planbureau.
28. Daigle, J. J., and Putnam, D. (2009). The meaning of a changed environment: initial assessment of climate change impacts in Maine – indigenous peoples. In Jacobson, G. L., Fernandez, I. J., Mayewski, P. A., and Schmitt, C. V. (eds.), Maine's climate future: an initial assessment, University of Maine, Orono, pp. 35–38.
29. Chief, K., Daigle, J., Lynn, K., and Whyte, K. P. (2014). Indigenous Experiences in the U.S. with Climate Change and Environmental Stewardship in the Anthropocene. In Sample, V. A., and Bixler, P. (eds.), Forest Conservation and Management in the Anthropocene: Conference Proceedings, RMRS-P-71, US Department of Agriculture, Forest Service, Rocky Mountain Research Station, Fort Collins.
30. Fox, C. A., Reo, N. J., Turner, D. A., Cook, J., Ditruri, F., Fessell, B., Junkins, J., Johnson, A., Rakena, T. A., Riley, C., Turner, W. J., Williams, J., and Wilson, M. (2016). "The river is us; the river is in our veins": redefining river restoration in three Indigenous communities. Sustainability Science 11(3).
31. Hardison, P., and Williams, T. (2013). Culture, law, risk and governance: the ecology of traditional knowledge in climate change adaptation. Climatic Change 120: 531–544.
32. Voggesser, G., Lynn, K., Daigle, J., Lake, F., and Ranco, D. (2013). Cultural impacts to tribes from climate change influences on forests. Climatic Change 120: 615–626.
33. Whyte, K. P. (2013). Justice forward: tribes, climate adaptation and responsibility in Indian country. Climatic Change 120: 517–530.
34. Olsson, P., Galaz, V., and Boonstra, W. J. (2014). Sustainability transformations: a resilience perspective. Ecology and Society 19(4): 1.
35. Giddens, A. 1984. The constitution of society: Outline of the theory of structuration. California: University of California Press.
36. Cavusgil, S. T., Zou, S., & Naidu, G. M. 1993. Product and promotion adaptation in export ventures: An empirical investigation. Journal of International Business Studies, 24(3): 479–506.
37. Arikan, I., Koparan, I., Arikan, A. M. & Shenkar, O., 2019. Dynamic capabilities and internationalization of authentic firms: Role of heritage assets, administrative heritage, and signature processes. Journal of International Business Studies. https://doi.org/10.1057/s41267-019-00261-5.
38. Hennart, J. F., Majocchi, A., & Forlani, E. 2019. The myth of the stay-at-home family firm: How family-managed SMEs can overcome their internationalization limitations. Journal of International Business Studies, 50(5): 758–782.

39. Wang, S. L., Gu, Q., Von Glinow, M. A. & Hirsch, P. 2020. Cultural industries in international business research: Progress and prospect. Journal of International Business Studies. https://doi.org/10.1057/s41267-020-00306-0.
40. Fan, T. P. C., & Tan, A. T. L. 2015. How product attributes influence internationalization: A framework of domain-and culture-specificity. Management International Review, 55(1): 53–76.
41. Spielmann, N. 2016. Is it all or nothing? Testing schema congruity and typicality for products with country origin. Journal of Business Research, 69(3): 1130–1137.
42. Magnusson, P., Westjohn, S. A. & Sirianni, N. J. 2019. Beyond country image favorability: How brand positioning via country personality stereotypes enhances brand evaluations. Journal of International Business Studies, 50(3): 318–338.
43. He, J., & Wang, C. L. 2017. How global brands incorporating local cultural elements increase consumer purchase likelihood. International Marketing Review, 34(4): 463–479.
44. Nie, C. & Wang, T. 2019. How global brands incorporate local cultural elements to improve brand evaluations. International Marketing Review. https://doi.org/https://doi.org/10.1108/IMR-01-2019-0035.
45. DellaPergola, Sergio. 2013. Bigger population estimate means wider definition of Jewishness. Forward. http://forward.com/articles/184983/bigger-population-estimate-means-wider-definition. 11 October2013.
46. Kosmin, Barry. 2007. Contemporary secularity and secularism. In Secularism and secularity: Contemporary international perspectives, eds. B. Kosmin, and A. Keysar, 1–13. Hartford, CT: Trinity College: Institute for the Study of Secularism in Society and Culture.

Storytelling und Markenbildung

Neeraj Karandikar

Schlüsselwörter

Marke · Verbraucher · Marketing · Markengeschichte · Grün · Geschichte · Grüne Marke · Soziale Medien · Kreation · Markenbewertung

Die Rolle des Storytellings bei der Schaffung von Markenliebe: der Fall PANDORA

DOI: https://doi.org/10.1057/s41262-021-00254-6

Abstract – Zusammenfassung

Die Untersuchung von Storytelling und Markenliebe ist durch die Notwendigkeit gerechtfertigt, das Potenzial von Storytelling als Instrument zu verstehen, das Vermarktern zur Verfügung steht, um die Liebe der Verbraucher zu einer bestimmten Marke positiv zu beeinflussen.

Wir haben uns für die Marke PANDORA entschieden, weil ihre Produkte auch mit Geschichten assoziiert werden; daher wollen wir untersuchen, ob der Einsatz von Storytelling zur Entstehung von Markenliebe beiträgt.

Die Ergebnisse zeigen einen positiven Einfluss des Storytellings auf die Liebe der Verbraucher zur Marke PANDORA.

N. Karandikar (✉)
Nashik, Indien

© Der/die Autor(en), exklusiv lizenziert an Springer-Verlag GmbH, DE, ein Teil von Springer Nature 2023
N. Karandikar (Hrsg.), *Elemente des Storytellings in Bildung, Kulturwissenschaften und Marketing*, https://doi.org/10.1007/978-3-662-66293-9_4

Einleitung

PANDORA ermöglicht eine relevante Fallstudie, da es sich um eine Schmuckmarke handelt, die Storytelling in Werbe- und Kommunikationskampagnen einsetzt und darüber hinaus Storytelling auch in ihren eigenen Produkten verwendet.

Die Fokussierung auf diese Marke ermöglicht es, mit unserer Untersuchung unser Hauptziel zu erreichen: Die Rolle des Storytellings bei der Schaffung von Markenliebe zu verstehen, wenn es in der Kommunikation eingesetzt wird.

Die Besonderheit von PANDORA ermöglicht es uns auch, noch weiter zu gehen und zu untersuchen, inwieweit Produkte, die an sich schon Geschichten erzählen, dazu beitragen, den Wert der Marke zu steigern, indem sie die Markenliebe erhöhen.

Dies ist insofern von Bedeutung, als es das Konzept des Produktnarrativs gibt, das definiert wird als „eine Art des Storytellings, bei dem es nicht um die Werbung für Produkte, Dienstleistungen oder Marken geht, sondern das einen Mehrwert für das Produkt schafft" (Dias und Dias, 1, S. 2).

Theoretischer Rahmen

Markenliebe wird von Carroll und Ahuvia (2) definiert als „der Grad der leidenschaftlichen, emotionalen Bindung eines zufriedenen Verbrauchers an einen bestimmten Markennamen" (S. 81), der sich von der einfachen Bindung durch seine Dauerhaftigkeit unterscheidet.

Es handelt sich um eine Art von Beziehung, die entsteht, wenn die Verbraucher die folgenden Voraussetzungen erfüllen: (1) Leidenschaft für die Marke, (2) Bindung an die Marke, (3) positive Bewertungen der Marke, (4) positive Emotionen und (5) Liebesbekundungen.

Batra u. a. (3) bekräftigen, dass Markenliebe eine langfristige Beziehung zwischen der Marke und den Verbrauchern ist, die auf „mehreren miteinander verknüpften kognitiven, affektiven und verhaltensbezogenen Elementen und nicht auf einem spezifischen, einzelnen, vorübergehenden Liebesgefühl" (S. 6) beruht.

Liebe beruht auf Respekt, das weiß man bei den beliebten Marken, und diese Marken streben danach, eine starke emotionale Bindung zu ihren (potenziellen) Verbrauchern aufzubauen, indem sie ihnen mehr bieten als nur rationale Argumente oder Produktvorteile.

Ursachen und Folgen der Markenliebe

In verschiedenen Studien wurden verschiedene Faktoren, die zu Markenliebe führen, als Vorläufer dieses Gefühls bzw. dieser Beziehung zwischen einem Kunden und einer Marke erforscht.

Die Autoren fügen hinzu, dass Markenerlebnisse, die als authentisch wahrgenommen werden, sich am positivsten auf die Markenliebe auswirken, womit Authentizität als wichtige Vorbedingung für Markenliebe identifiziert wird.

Carroll und Ahuvia (2) erwähnen auch den Selbstdarstellung als Vorläufer der Markenliebe, da die Verbraucher „das Ausmaß schätzen, in dem die spezifische Marke das eigene soziale Selbst aufwertet und/oder das eigene innere Selbst widerspiegelt" (S. 82), und daher Marken bevorzugen, die zur Schaffung und Stärkung ihrer Identität und deren Ausdruck beitragen.

Selbst Menschen, die sich online mit Marken beschäftigen, können Markenliebe empfinden und Fans sein, ohne Verbraucher zu sein.

Obwohl es sich bei der Markenliebe um ein komplexes Konzept handelt, das nur durch eine noch unerforschte Kombination von Vorbedingungen zustande kommt, ist man sich in der Literatur über ihre Folgen einig, dass es sich lohnt, ihr nachzugehen, da sie sowohl den Marken als auch den Verbrauchern viele Vorteile und einen Mehrwert bietet.

Storytelling in der Markenkommunikation

Storytelling wurde zu einem grundlegenden Marketinginstrument, das darin besteht, „ein Narrativ einzusetzen, um Ihre Marke mit den Kunden zu verbinden, wobei der Schwerpunkt darauf liegt, das, wofür Sie stehen, mit den Werten zu verknüpfen, die Sie mit Ihren Kunden teilen" (Loyal, 4, online).

Dies ist auch von grundlegender Bedeutung für Marken, um in der digitalen Welt hervorzustechen, denn Storytelling vermittelt unverwechselbare Elemente von Marken und hilft den Verbrauchern, die Identität und die Kernwerte der Marke zu verstehen (Mucundorfeanu, 5).

Roberts (6) war der erste, der auf das Storytelling als Instrument zur Stärkung der Position von Liebesbezeugungen hinwies, da diese Kommunikationstechnik an Emotionen appelliert und die Verbraucher inspiriert.

In dem Maße, wie Marken Storytelling betreiben, werden sie auch vermenschlicht, da sie eine Persönlichkeit gewinnen und zum Ausdruck bringen (Biesenbach, 7).

In Anbetracht der Komponenten von Geschichten und der Vorteile, die Storytelling für Marken bieten kann, sollte in unserer Studie untersucht werden, ob Storytelling als Vorläufer von Markenliebe betrachtet werden kann.

Methode

Wir betrachten den Einsatz von Storytelling im Rahmen von zwei Dimensionen des Marketings, die von PANDORA erforscht werden, und gehen dabei von den folgenden Forschungsfragen aus:

Forschungsfrage 1 – Trägt der Einsatz von Storytelling als Kommunikationstechnik zur Entwicklung von Markenliebe bei?

Forschungsfrage 2 – Trägt die Integration von Storytelling in Produkte zur Entwicklung von Markenliebe bei?

Wir haben uns für eine qualitative Methode entschieden und eine einzige explorative Fallstudie entwickelt, die sich auf die Marke PANDORA konzentriert.

Innerhalb der Schmuck- und Uhrenbranche sticht PANDORA als Marke mit den erforderlichen Merkmalen hervor, um Gegenstand dieser Art von Fallstudie zu sein: PANDORA nutzt das Storytelling als Werbetechnik und ist darüber hinaus einzigartig darin, das Storytelling mit ihren Produkten zu verbinden, was sie zu einem maßgeblichen Fall für die Untersuchung der Beziehung zwischen dem Storytelling und der Entwicklung von Markenliebe macht (Yin, 8).

PANDORA als Fallstudie

Das Jahr 2000 war ein Wendepunkt für PANDORA, als die Marke ihr ikonisches Armband auf den Markt brachte, das mit unterschiedlich geformten Sammlerstücken personalisiert werden kann.

Der Slogan der Marke lautet „Unvergessliche Momente", denn die Marke ist der Meinung, dass die Individualität jeder Frau durch persönliche, einzigartige und unvergessliche Momente, die sie erlebt hat, geprägt wird – ihre Geschichte.

PANDORA bezieht das Storytelling in seine Produkte ein, denn jedes PANDORA-Stück hat ein einzigartiges Design, das ihm eine symbolische Dimension verleiht und es den Verbraucherinnen ermöglicht, ein bestimmtes Stück mit einem bestimmten Moment, einer Geschichte oder sogar einer Person in Verbindung zu bringen.

PANDORA ist eine geeignete Marke, um die Beziehung zwischen dem Storytelling und der Entstehung von Vorstufen und Folgen der Markenliebe zu untersuchen, weil sie diese Technik in ihrer Kommunikation einsetzt, sie in ihre Produkte und ihre Markenidentität einbaut und ihren Kundinnen ermöglicht, sie zu nutzen und ihre eigenen Geschichten zu erfinden.

Techniken der Datenerhebung und -analyse

Um unsere Forschungsfragen zu erforschen, haben wir Interviews mit treuen PANDORA-Kundinnen geführt, da bei diesen am ehesten Markenliebe besteht (Roberts, 6). Außerdem wollten wir sicherstellen, dass unsere Stichprobe mit dem Storytelling von PANDORA vertraut ist, da sie sowohl Nutzer der Produkte sind als auch die Kommunikation des Unternehmens verfolgen, insbesondere in den sozialen Medien.

Vor der Befragung wurde allen freiwilligen Teilnehmerinnen per E-Mail eine Einverständniserklärung zugeschickt, in der das Forschungsprotokoll und die Teilnahmebedingungen erläutert, die Anonymität der Teilnehmerinnen sichergestellt und darauf hingewiesen wurde, dass ihre Daten nur für wissenschaftliche Zwecke verwendet werden.

Wir folgten einem Protokoll mit drei Phasen: (1) Begrüßung, Zusammenfassung des Forschungsprojekts und der Anforderungen an die Teilnehmerinnen, Klärung etwaiger Fragen und Einsammeln der unterschriebenen Einverständniserklärung; (2) halbstrukturiertes Interview, in dem drei Themen angesprochen wurden (Vorboten der Markenliebe; Storytelling in der Kommunikation und den Produkten von PANDORA; Konsequenzen der Markenliebe); und (3) Dank und Verabschiedung.

Datensammlung und Stichprobe

Wir untersuchten eine nicht-probabilistische Stichprobe von 20 Teilnehmerinnen, die nach zwei Ausschlusskriterien ausgewählt wurden: (1) treue Kundinnen von PANDORA zu sein, d. h. mehr als ein PANDORA-Schmuckstück zu besitzen und es regelmäßig zu benutzen, und (2) mindestens ein PANDORA-Profil in den sozialen Medien zu verfolgen.

Wir begannen mit 5 Teilnehmerinnen, die aus dem Netzwerk der Forscher rekrutiert wurden, und baten sie dann, weitere Bekannte zu empfehlen, die unsere Ausschlusskriterien erfüllten.

Durch diese Technik wurden auch die mit Zufallsstichproben verbundenen Verzerrungen vermieden, da wir die meisten unserer Teilnehmerinnen vorher nicht kannten (nur die ersten 5 Personen).

Obwohl wir durch den qualitativen Ansatz einen tieferen Einblick in die Beziehung zwischen Storytelling und Markenliebe gewinnen konnten, betonen wir, dass unsere Stichprobe klein und nicht probabilistisch ist und daher keine Verallgemeinerung der Ergebnisse zulässt.

Befunde und Diskussion

Unter unseren 20 Teilnehmerinnenn, alles treue Kundinnen von PANDORA, fanden wir sämtliche Vorboten der Markenliebe, die wir als Datenanalysekategorien betrachteten, und konnten feststellen, dass einige von ihnen häufiger vorkommen oder von unseren Teilnehmerinnen als wichtiger angesehen werden als andere.

Die Vorboten der Markenliebe, die häufiger genannt werden und denen mehr Bedeutung beigemessen wird, sind eine starke Identifikation mit der Marke, die durch Selbstdarstellung verstärkt wird (Carroll und Ahuvia, 2), da alle Teilnehmerinnen der Meinung sind, dass die Marke ihnen ermöglicht, bestimmte Aspekte ihrer Identität auszudrücken (Bergkvist und Bech-Larsen, 9), und dies aufgrund der großen Vielfalt an Stücken und der Möglichkeit, die Produkte zu personalisieren, und auch, weil das Selbstbild der meisten Teilnehmerinnen mit dem Markenbild übereinstimmt, das sie wahrnehmen (Kapferer, 10; Albert und Merunka, 11).

Was die Selbstdarstellung betrifft, so verwiesen die Teilnehmerinnen auf zwei Aspekte: Die Marke hilft ihnen dabei, ihre Identität und Persönlichkeit auszudrücken, aber auch ihre Lebensgeschichte zu erzählen.

Es gibt auch ein Gefühl der Zugehörigkeit zu einer Gemeinschaft (Keller, 12), denn mehrere Teilnehmerinnen berichteten, dass sie mit anderen PANDORA-Nutzerinnen über die Bedeutung der einzelnen Stücke gesprochen, Geschichten ausgetauscht und sich aufgrund ihrer Liebe zur gleichen Marke sofort verbunden gefühlt haben.

Prestige war der Aspekt der Markenliebe, der unter unseren Teilnehmerinnen die meisten Diskussionen auslöste.

Storytelling und Markenliebe

Im Rahmen der Befragung untersuchten wir, inwieweit das Storytelling der Marke PANDORA von unseren Teilnehmerinnen als wichtig und wertvoll erachtet wurde, und ob verschiedene Anwendungen dieser Technik – in Markeninhalten, in der Werbung und in Produkten – erkannt und geschätzt wurden.

Jede der 20 Teilnehmerinnen erzählte uns eine Geschichte über ein PANDORA-Schmuckstück, das für sie etwas Besonderes ist, in der Regel verbunden mit einem wichtigen Moment, einer Erinnerung oder einer Person – z. B. „Ich habe ein Stück, das mich immer zum Lachen bringt."

Alle Verbraucher sind sich einig, dass die mit dem Produkt verbundene Geschichte einen Mehrwert darstellt, da es eine symbolische und affektive Dimension erhält (Dias, L. und Dias, P., 2018 1)-„Die Stücke erinnern mich an wichtige Momente, Momente, die mich zu dem gemacht haben, was ich bin."

Unseren Teilnehmerinnen zufolge verstärken Geschichten und Werte die Markenliebe, da sie den Aufbau einer emotionalen und affektiven Beziehung zu den Schmuckstücken und damit zur Marke fördern.

Die Folgen der Markenliebe

Nachdem wir uns vergewissert haben, dass die meisten Vorbedingungen der Markenliebe bei unseren Befragten in Bezug auf PANDORA vorhanden sind, und festgestellt haben, dass ihrer Meinung nach der Einsatz von Storytelling durch die Marke ihre Bindung zu ihr verstärkt, haben wir uns auf die Suche nach den Auswirkungen der Markenliebe gemacht.

Wir betrachten diese Elemente als Folgen von Markenliebe und nicht von ähnlichen Konzepten wie Zufriedenheit, Loyalität oder emotionaler Bindung an Marken, da wir bereits festgestellt haben, dass unsere Teilnehmerinnen PANDORA lieben – sie alle besitzen PANDORA-Stücke und benutzen sie regelmäßig, sie folgen PANDORA in den sozialen Medien und sie drücken ihre starke Identifikation mit der Marke aus.

Loyalität ist eine sehr offensichtliche Folge von Markenliebe, die bei unseren Teilnehmerinnen vorhanden ist.

Eine weitere wichtige Folge der Markenliebe ist positive Mundpropaganda (Carrol und Ahuvia, 2), da alle Teilnehmerinnen erklären, PANDORA in der Vergangenheit weiterempfohlen zu haben und bereit zu sein, die Marke in Zukunft wieder zu empfehlen.

Schlussfolgerung

Obwohl im Fall von PANDORA, wo Storytelling nicht nur in der Kommunikation, sondern auch bei den Produkten angewandt wird, eine zentrale Rolle spielt, besteht die Möglichkeit, dass andere Marken die Markenliebe auch ohne den Einsatz von Storytelling fördern können.

Unsere Forschung leistet einen Beitrag für Kommunikations- und Marketingexperten, indem sie die Stärke des Storytellings belegt und die synergetische Natur der Beziehung zwischen verschiedenen Vorbedingungen und Konsequenzen der Markenliebe aufzeigt.

Andere Marken können von PANDORA lernen, Storytelling über ihre Kommunikation hinaus zu nutzen, denn es ist genau die erzählerische Natur der Produkte dieser Marke, die unsere Teilnehmerinnen am meisten schätzen (Dias und Dias, 1).

Da es sich um eine Fallstudie handelt, sind unsere Ergebnisse nicht verallgemeinerbar, aber sie liefern relevante Erkenntnisse für den Einsatz von Storytelling in der Markenführung und für die Gestaltung zukünftiger Forschung zum Storytelling als Vorbedingung von Markenliebe, zu den Synergien zwischen Vorbedingung und Folgen von Markenliebe und zu narrativen Produkten, mit einem breiteren Rahmen, der verschiedene Produktkategorien und verschiedene Arten von Marken berücksichtigt.

Hinweis

Maschinell erstellte Zusammenfassung basierend auf der Arbeit von Dias, Patrícia; Cavalheiro, Rita, 2021, im Journal of Brand Management.

Der Einfluss des Storytellings auf das Markenerlebnis der Verbraucher: Der Fall einer firmeneigenen Geschichte

DOI: https://doi.org/10.1057/bm.2012.15

Abstract – Zusammenfassung

Über die Macht von Geschichten im Branding ist viel geschrieben worden, aber es gibt nur sehr wenige empirische Belege für ihre Auswirkungen auf die Reaktionen der Verbraucher.

Wir untersuchen, wie eine firmeneigene Geschichte das Markenerlebnis der Verbraucher beeinflusst, indem wir die Markenerfahrungen von zwei Verbrauchergruppen vergleichen.

Eine Gruppe wurde mit der Geschichte konfrontiert, eine andere nicht.

Die Verbraucher, die die Geschichte hörten, beschrieben die Marke viel positiver und waren bereit, mehr für das Produkt zu bezahlen.

Die Studie leistet einen Beitrag zur Markenmanagementforschung und -praxis, indem sie die Macht des Storytellings über die Kundenerlebnisse aufzeigt.

Sie zeigen, wie Markengeschichten genutzt werden können, um positive Markenassoziationen zu schaffen und zu verstärken.

Ein Überblick über frühere Forschungsarbeiten in Kombination mit den Ergebnissen zeigt, dass mehr Forschung über die Auswirkungen von Geschichten auf die Verbraucherreaktionen auf Marken erforderlich ist.

Einleitung

Geschichten über Marken, die von Verbrauchern stammen, sind weit verbreitet, aber Unternehmen können auch ihre eigenen Geschichten kreieren.

Die Verwendung solcher firmeneigenen Markengeschichten wird als einflussreich angesehen, insbesondere im Dienstleistungsbereich (z. B. 13).

Die meisten Studien zu Markengeschichten untersuchen die Erfahrungen der Verbraucher, die Folgen der Produktnutzung (14, S. 22) oder den Inhalt von Geschichten in der Werbung (15).

In der vorliegenden Studie wird untersucht, ob sich die Markenerfahrungen von Verbrauchern, die eine Marke mit einer firmeneigenen Geschichte kennenlernen, von denen unterscheiden, die dieselbe Marke ohne diese Geschichte kennenlernen.

Wir untersuchen, ob eine gut erzählte, firmeneigene Markengeschichte die Attraktivität der Marke für die Verbraucher erhöhen kann.

Die vorliegende Studie leistet einen Beitrag zur Markenmanagementliteratur, indem sie empirische Belege für die Auswirkungen von unternehmensgenerierten und kommunizierten Markengeschichten auf das Markenerlebnis der Konsumenten liefert.

In einer Literaturübersicht wird das Storytelling analysiert und ein Überblick über seine Auswirkungen auf die Markenerlebnisse der Verbraucher gegeben.

Geschichtenerzählung

Markengeschichten müssen glaubwürdig und gut formuliert sein, um erfolgreich zu sein.

Geschichten werden oft eingesetzt, um Markenwerte zu vermitteln.

Marken spielen auch eine wichtige Rolle in der Lebensgeschichte der Verbraucher (16; 17; 18).

4 Storytelling und Markenbildung

Ob real oder fiktiv, Geschichten verleihen Marken Bedeutung (19; 20; 21).

Mossberg und Nissen Johansen (13) liefern zahlreiche Beispiele dafür, wie Vermarkter echte oder erfundene Geschichten eingesetzt haben, um eine Atmosphäre zu schaffen und die Einzigartigkeit von Dienstleistungsmarken zu verstärken.

Geschichten helfen den Verbrauchern auch, die Vorteile der Marke zu verstehen (22), werden weniger kritisch analysiert und lösen weniger negative Gedanken aus als normale Werbung (23, S. 38).

Eine Geschichte macht es interessanter, über die Marke zu sprechen, und die Verbraucher werden auf diese Weise eher zu Markenbotschaftern (13; 24).

Um diese positiven Auswirkungen zu erreichen, müssen die Marke und die Geschichte als authentisch wahrgenommen werden, denn viele Verbraucher stehen dem, was sie als manipulatives Marketing empfinden, kritisch gegenüber (25; 26).

Es genügt, wenn die Beziehung zwischen der Marke und der Geschichte authentisch erscheint.

Methode

Wie die hier vorgestellte Studie zeigt, kann die Geschichte tatsächlich das Markenerlebnis der Verbraucher beeinflussen, einschließlich der Markenassoziationen und der Bereitschaft, für die Marke zu zahlen.

Als Vertreterin einer Branche, in der das Storytelling häufig zum Einsatz kommt, hat die für die Studie ausgewählte Marke ihre Marketingstrategie auf eine Unternehmensgeschichte und individuelle Geschichten zu Kosmetikprodukten aufgebaut, die den Kundinnen von den Verkäufern erzählt werden.

Die Hälfte der Teilnehmenden wurde gebeten, zunächst eine dreiseitige Geschichte über die Unternehmensmarke zu lesen, die auch die Unternehmenswerte enthielt, und anschließend eine Diashow eines Geschäfts zu sehen, in dem die Produkte verkauft wurden.

Die Teilnehmenden wurden gefragt, was sie von den Produkten hielten (ggf. wurden ihre Gefühle, Gedanken zu Inhalt, Geruch und Form erfragt), welche Assoziationen sie mit der Marke verbanden, ob sie Interesse weckte, was ihnen gefiel oder nicht gefiel – ihre Gesamtwahrnehmungen.

Um festzustellen, ob das Hören der Geschichte den wahrgenommenen Wert der Marke steigern würde, wurden die Teilnehmenden gefragt, wie viel sie bereit wären, für ein bestimmtes Produkt zu zahlen.

Ergebnisse

Die Teilnehmenden, die mit der Geschichte konfrontiert wurden, entwickelten wesentlich positivere und einheitlichere Assoziationen mit der Marke.

Die Produkte sind nicht im negativen Sinne – vielleicht ist das das falsche Wort – „gebrandmarkt", wie so viele Kosmetikmarken heutzutage. (R11) Der Verpackungsstil wurde als ehrlich empfunden und unterstützte den Inhalt, während das historische Aussehen und der Text die Produkte vertrauenswürdig erscheinen ließen.

Schön, wenn es einer Kosmetikmarke gelingt, gute Werte auf natürliche Weise in ihrer Arbeit zu vereinen (11). Verschiedene Aspekte der Geschichte scheinen verschiedene Menschen anzusprechen.

Es funktioniert (14). Eine Teilnehmerin sagte spontan, dass sie mit anderen über die Geschichte und die Marke auch sprechen würde: „Das würde sicherlich Diskussionen auslösen!"

Schlussfolgerungen

Die Studie zeigt, dass eine gut ausgearbeitete Firmengeschichte positive Assoziationen mit einer Marke wecken und letztlich die Zahlungsbereitschaft der Verbraucher erhöhen kann.

Wir kommen zu dem Schluss, dass das Storytelling ein wirksames Mittel ist, um den Verbrauchern Markenwerte zu vermitteln, selbst wenn die Geschichte nicht die nötige emotionale Intensität aufweist.

Wir empfehlen weitere Studien über die Wirkung von Geschichten auf die Markenerfahrung der Verbraucher.

Geschichten und Storytelling wurden auf unterschiedliche Weise interpretiert (16) und umfassen jede Art von Geschichte im Zusammenhang mit der Verwendung eines Produkts oder einer Behauptung über eine Marke, was Vergleiche zwischen Studien äußerst schwierig macht.

Obwohl der Nutzen in der Studie nicht als solcher ausgedrückt wurde, zeigten die Verbraucher in der Gruppe, die der Geschichte ausgesetzt war, eine emotionale Begeisterung für die Geschichte, was sich letztendlich zu einem emotionalen und symbolischen Nutzen der Marke entwickeln kann.

Hinweis

Maschinell erstellte Zusammenfassung basierend auf der Arbeit von Lundqvist, Anna; Liljander, Veronica; Gummerus, Johanna; van Riel, Allard, 2012, im Journal of Brand Management.

Aufbau von Verbindungen zur eigenen Marke: Erforschung von Markengeschichten durch eine transmediale Perspektive

DOI: https://doi.org/10.1057/bm.2015.1

4 Storytelling und Markenbildung

Abstract – Zusammenfassung

Da Markengeschichten eine Verbindung zwischen dem Verbraucher und der Marke herstellen können, kann die Bereitstellung von medienübergreifenden Markengeschichten die Bindung verstärken, was zu positiven Einstellungen, mehr Einstiegspunkten und höherer Kaufabsicht führt.

Die bisherige Forschung zu Markengeschichten hat sich nicht mit der Art von Markengeschichten befasst, die die Verbraucher kennen und hören wollen, und mit den Medien, in denen sie diese Geschichten bevorzugt finden.

Andere Ergebnisse zeigen, dass Verbraucher mit einer stärkeren Markenbindung Geschichten bevorzugen, die sich auf den Erlebniswert der Marke konzentrieren, und diese über interaktive Medien abrufen.

Verbraucher mit einer schwächeren Markenbindung bevorzugen Geschichten über die utilitaristischen Dimensionen der Marke, die in eher traditionellen Medien veröffentlicht werden.

Die praktischen Empfehlungen konzentrieren sich auf die Schaffung von Verbindungen zwischen Verbrauchern und Marken durch verschiedene Arten von Geschichten und Medien.

Literaturüberblick

Es wird erörtert, wie die Verarbeitung einer Markengeschichte eine Bindung zwischen dem Verbraucher und der Marke herstellen kann und wie transmediale Markengeschichten diese Möglichkeit noch verstärken.

Auf der Grundlage einer Vielzahl von Erfahrungen – Marketing, persönliches Wissen, individuelle Erfahrungen, Massenmedien und andere – schaffen die Verbraucher im Laufe der Zeit ein gut entwickeltes Netzwerk von Überzeugungen und Gefühlen über eine Marke, das in Form von Geschichten sequenziell organisiert werden kann (27; 28; 29; 30). Das ist kein transmediales Storytelling, sondern eine Adaption, weil dieselbe Geschichte in verschiedenen Medien erzählt wird.

Transmediales Storytelling schafft eine Welt für den Nutzer, indem verschiedene Teile der Geschichte oder verschiedene Geschichten durch unterschiedliche Medien verbreitet werden (31).

Transmediale Markengeschichten bieten die Vorteile von Markengeschichten (Bekanntheit, Involvement, Partizipation, Schaffung von Empathie, Vermittlung von Markenbedeutung), aber sie bieten noch mehr: eine facettenreiche Geschichte, bei der die Verbraucher mehr Kontakt haben und sich stärker engagieren, wodurch eine stärkere Verbindung zur eigenen Marke entsteht.

Methodik und Stichprobe

Um die Gedanken der Verbraucher zu Markengeschichten zu verstehen, wurde in dieser Studie qualitative Forschung betrieben.

Im Zusammenhang mit diesen Zielen ist es nützlich, die allgemeinen Arten von Geschichten zu verstehen, die die Verbraucher gerne hören möchten, sowie ihre bevorzugten Medien.

Eine Stichprobe von Verbrauchern wurde ausgewählt und gebeten, ihre Wahrnehmungen von Markengeschichten, die sie gehört haben und hören wollen, mitzuteilen.

Die Forscher sind selbst an mehreren transmedialen Geschichten beteiligt; dieses Fachwissen ermöglichte es den Forschern, ihr Einfühlungsvermögen und ihr Verständnis für das Thema zu zeigen und so eine Ebene des Vertrauens und eine positive Beziehung zu den Befragten aufzubauen.

In Übereinstimmung mit Ericksons Vorschlag (32) waren die Forscher darauf bedacht, den Teilnehmern zu vermitteln, dass es sich bei der Datenerhebung nicht um eine Bewertung, sondern um eine objektive Sammlung von Daten für künftige Forschungen handelt.

Um die Validität zu gewährleisten, wurde eine Daten-Triangulation durchgeführt, bei der die unabhängigen Ergebnisse der Auswertung der Daten durch die Forscher verglichen wurden.

Ergebnisse

Die Ergebnisse zeigten, dass 42,4 % der Befragten, die mit ihrer Marke verbunden sind, Geschichten über die Gründer der Marken kennen. Von den Befragten, die sich mit der Marke verbunden fühlten, gaben 30,3 % an, dass sie persönliche Geschichten mit ihrer Marke verbinden.

Auf die Frage nach ihrer persönlichen Geschichte gaben 90 % der Befragten an, dass sie keine persönliche Geschichte mit den Marken verbinden.

Die Befragten, die mit ihrer Marke verbunden sind, waren an drei allgemeinen Arten von Geschichten interessiert: Engagement der Marke/des Herstellers, etwas zurückzugeben (36,4 %); dem Inhalt der Geschichte selbst (30,3 %); und Geschichten über die Erfahrungen anderer Kunden mit den Produkten (30,3 %). Dies steht im Gegensatz zu den Verbrauchern, die keine Verbindung zu Marken haben und die angaben, dass sie über Markengeschichten aus traditionelleren Marketingkanälen wie Werbespots informiert werden wollen (68,7 %).

Diskussion

Die Befragten, die mit Marken verbunden sind, kennen und wollen Geschichten über die Historie, die Zuverlässigkeit des Produkts, das Engagement und die Verwendung des Produkts durch andere hören.

Sie kennen den Erlebnis- und Nutzwert der Marke und wollen ihn auch mitgeteilt bekommen; obwohl die Erzählung persönlicher Geschichten und der Wunsch, weitere Einsichten hinsichtlich der Marke zu teilen und zu erfahren, den Erlebniswert stärker in den Vordergrund stellen.

Die Befragten, die keine Verbindung zu Marken haben, wollten Geschichten über Anwendung und Erfahrungen hören, aber Aussagen über die Nützlichkeit wie die Zuverlässigkeit von Produkten waren wichtiger.

Die Befragten äußerten sich zu verschiedenen Themen mit vielen Facetten: Historie, Produkt, Zuverlässigkeit, Differenzierung, Unternehmensgründer und die persönlichen Geschichten der Verbraucher über die Marke.

Sie zeigt, welche Arten von Geschichten die Verbraucher kennen und hören wollen, wenn es sich um Marken handelt, deren Kernprodukt keine Geschichte ist.

Sie stellt auch eine Verbindung her zwischen den Geschichten, die die Verbraucher kennen und hören wollen, und dem Grad der Bindung an die Marke.

Hinweis

Maschinell erstellte Zusammenfassung basierend auf der Arbeit von Granitz, Neil; Forman, Howard, 2015, im Journal of Brand Management.

Die Wirkung einer grünen Markengeschichte auf die wahrgenommene Markenauthentizität und das Vertrauen in eine Marken: die Rolle der narrativen Rhetorik

DOI: https://doi.org/10.1057/s41262-020-00213-7

Abstract – Zusammenfassung

Ziel dieser Studie war es, den Einfluss einer Green-Brand-Story-Strategie auf die wahrgenommene Markenauthentizität („perceived brand authenticity", PBA) und das Vertrauen in eine Marke empirisch zu untersuchen.

Auch die Auswirkungen von PBA auf das Vertrauen in eine Marke werden untersucht.

Die Ergebnisse zeigen, dass sich die grüne Markengeschichte mit narrativer Rhetorik positiv auf die Eindringlichkeit auswirkt, was wiederum die PBA erhöht, und auch das Vertrauen in eine Marke wird positiv beeinflusst.

Diese Studie bietet eine neue Perspektive, aus der heraus die Beziehungen zwischen Marken-Storytelling, PBA und Vertrauen in eine Marke erforscht werden können.

Einleitung

Wenn man versteht, wie eine fesselnde Markenstory entwickelt und Eindringlichkeit erzeugt werden, kann man einige Erkenntnisse gewinnen, mit denen grüne Marken die PBA steigern und das Vertrauen der Verbraucher entwickeln können.

Mehrere Studien belegen, dass das Eintauchen in die Materie mit einer guten Struktur der Geschichte zusammenhängt, und weisen darauf hin, dass Markengeschichten mit Elementen wie Handlung, historischer Verbindung, Charakteren und Wahrhaftigkeit eher ein Eintauchen in die Materie bewirken als solche ohne diese Elemente (Ryu et al. 33; Laurence und Valentina 34; Wang und Calder 35).

Diese Strategien wurden für diese Studie ausgewählt, weil sie in engem Zusammenhang mit den vier Elementen einer Geschichte: Charakter, Handlung, Konflikt und Botschaft stehen, von denen jedes einzelne als unverzichtbar für eine gute Markenstory gilt (Fog und andere 36).

Diese drei rhetorischen Strategien untermauern die praktische Anwendbarkeit der Rhetoriktheorie und befassen sich gleichzeitig mit der spezifischen Art von Charakteren und Handlungen, die eine überzeugende Markengeschichte ausmachen.

Diese Studie dient als erster Versuch, das Ausmaß zu ermitteln, in dem die mit rhetorischen Strategien versehene Markengeschichte die narrative Eindringlichkeit, die PBA und das Vertrauen in eine Marke beeinflusst.

Literaturübersicht und Forschungshypothesen

Eindringlichkeit liefert eine Erklärung dafür, wie die Verbraucher die Informationen in einer grünen Markenstory verarbeiten.

Bei einer grünen Markengeschichte wird das Eintauchen in die Geschichte wahrscheinlich die Einstellung der Verbraucher in Bezug auf die „Umweltfreundlichkeit" der Marke beeinflussen.

In dieser Studie wird die folgende zweite Hypothese aufgestellt: Die Verwendung von Anthropomorphismus in einer grünen Markengeschichte steht in einem positiven Zusammenhang mit Eindringlichkeit.

Im Kontext des grünen Marketings kann die Umkehrung einer Markengeschichte nicht nur das Bewusstsein der Verbraucher für eine Marke und die Vorteile ihres Produkts schärfen, sondern auch ihre Wahrnehmung des Eintauchens verstärken.

In der Studie wird daher die folgende dritte Hypothese aufgestellt: Die Verwendung der Umkehrung in einer grünen Markengeschichte steht in einem positiven Zusammenhang mit Eindringlichkeit.

Und eine weitere Hypothese stellt diese Studie auf: Wenn die Verbraucher tief in die Geschichte einer grünen Marke eintauchen, nehmen sie die Marke eher als authentisch wahr.

Methode

Eine Gruppe wurde mit einer Geschichte über eine grüne Marke konfrontiert, die mit den drei genannten rhetorischen Strategien angereichert war, während der anderen Gruppe eine Geschichte ohne die rhetorischen Strategien mitgeteilt wurde.

Die Teilnehmer wurden nur mit der rhetorisch aufgeladenen Geschichte konfrontiert.

Die Stichprobengröße ist etwa zehnmal größer als die Anzahl der Messaufgaben (n = 22), was das von Gefen und anderen vorgeschlagene Verhältnis von 10:1 zwischen Teilnehmern und Aufgaben übersteigt (37).

Um zu kontrollieren, ob die Verbraucher bereits Erfahrungen mit bestehenden Marken gemacht haben, wurden der Umfrage fiktive Geschichten als Stimulus beigefügt (Carnevale et al. 38).

Für die narrative Rhetorik wurden alle Items auf einer siebenstufigen Likert-Skala von „stimme überhaupt nicht zu" (1) bis „stimme voll und ganz zu" (7) bewertet.

Das Konstrukt PBA wurde mit vier Items gemessen, die von der Skala von Napoli et al. (39) abgeleitet wurden, wobei eine siebenstufige Likert-Skala verwendet wurde (1 = stimme überhaupt nicht zu, 7 = stimme voll zu).

Ergebnisse

Die Ergebnisse zeigen eine gute Modellanpassung, da das Verhältnis von Chi-Quadrat zum Freiheitsgrad (X^2/df) kleiner als 3 ist (X^2/df = 1,708; X^2 = 322,804; df = 189), während die vergleichenden (CFI) und nicht-normalisierten Anpassungsindizes (NNFI) größer als 0,95 sind (CFI = 0,970; IFI = 0,970; NNFI = 0,96), der mittlere quadratische Approximationsfehler (Root Mean Square Error of Approximation, RMSEA) weniger als 0,05 (RMSEA = 0,046) und der standardisierte quadratische Residualwert (Root Mean Square Residual, SRMR) weniger als 0,08 (SRMR = 0,059) beträgt; somit wird eine gute Anpassung zwischen der Faktorenstruktur und den Daten erreicht (Hu und Bentler 40).

Die Zuverlässigkeit des vorgeschlagenen Sechs-Faktoren-Messmodells, das Anthropomorphismus, Umkehrung, Symbolismus, Eindringlichkeit, PBA und Vertrauen in eine Marke umfasst, wurde mit Cronbach Alpha getestet.

Nachdem eine akzeptable Übereinstimmung zwischen dem strukturellen Modell und den Daten erreicht wurde, testete die Studie die Hypothesen H2–H6.

Diskussion

In dieser Studie wurde die narrative Rhetorik eingeführt, um die Auswirkungen von Markengeschichten auf die PBA und das Vertrauen in eine Marke zu erklären.

Die Ergebnisse dieser Studie stützen frühere Forschungsergebnisse, die besagen, dass eine fesselnde Markengeschichte positive Auswirkungen auf die Eindringlichkeit hat, was wiederum die PBA stärkt.

Obwohl frühere Studien die Rolle des Anthropomorphismus in der Markenstrategie bestätigt haben und die Zuschreibung von menschenähnlichen Eigenschaften an eine Marke die PBA der Verbraucher effektiv steigern kann (Morhart et al. 41), konnte in der vorliegenden Studie kein signifikanter Effekt des Anthropomorphismus auf die Eindringlichkeit festgestellt werden.

Die wichtigste Schlussfolgerung dieser Studie ist, dass die Wiederherstellung von PBA äußerst wichtig ist, um das Vertrauen der Verbraucher in grüne Marken im Zeitalter einer allgemeinen Skepsis zu stärken.

Verbraucher, die sich in die Geschichte einer grünen Marke hineinversetzen und mit ihr mitfühlen, nehmen die Marke eher als authentisch wahr und vertrauen ihr.

Diese Ergebnisse sind für die Vermarkter grüner Produkte von Bedeutung, da es an Forschungsarbeiten fehlt, die sich auf die Bewertung der Auswirkungen von Markengeschichten auf die PBA und das Vertrauen in eine Marke konzentrieren.

Hinweis

Maschinell erstellte Zusammenfassung basierend auf der Arbeit von Huang, Chaohua; Guo, Rui, 2020, im Journal of Brand Management.

Den Einfluss von Elementen einer Story in Dienstleistungsunternehmen verstehen

DOI: https://doi.org/10.1007/s11628-017-0356-3

Abstract – Zusammenfassung

Vermitteln Nützlichkeit und Affekt die Beziehungen zwischen Elementen einer Business Story und Einstellungen zu ener Marke bei Dienstleistungen?

Die Ergebnisse zeigen, dass die Elemente Authentizität, Umkehrung und Humor im Allgemeinen zweckdienlich sind, wenn es darum geht, Nützlichkeit und Affekt bei Verbrauchern zu adressieren; außerdem ist Knappheit günstig, wenn es darum geht, den Nutzen für die Verbraucher anzusprechen, aber nicht für den Affekt und die Einstellung zu

4 Storytelling und Markenbildung

einer Marke; schließlich sind Nützlichkeit und Affekt Vermittler der Beziehung zwischen den Elementen der Business Story und der Einstellung zu einer Marke.

Diese Ergebnisse bieten einen Rahmen für die Gestaltung von Business Storys und die Untersuchung des Einflusses von Nützlichkeit und Affekt auf die Beziehung zwischen Elementen einer Business Story und zu einer Marke für Dienstleistungen und Praktiker.

Einleitung

Aus der Perspektive eines Dienstleistungsunternehmens können Geschichten zur Differenzierung beitragen.

Trotz dieser jüngsten Fortschritte wissen wir immer noch wenig über die Auswirkung spezifischer Story-Elemente von Dienstleistungsunternehmen auf die Bewertung von Dienstleistungsmarken durch die Verbraucher. Folgende Punkte sind dabei besonders hervorzuheben.

Wie bewerten die Verbraucher Elemente einer Geschichte von Dienstleistungsmarken?

Obwohl in der bisherigen Literatur mehrere Elemente von Unternehmensgeschichten erörtert wurden (z. B. Casebeer 42; Chiu et al. 43; Martin und Todorov 44; Taylor et al. 45), ist wenig darüber bekannt, wie Verbraucher diese Elemente von Unternehmensgeschichten bewerten.

Nach dem Stimulus-Organismus-Response (S-O-R)-Paradigma (Woodworth 46) können die Elemente einer Unternehmensgeschichte (Stimulus) den inneren Zustand der Verbraucher (Organismus) beeinflussen, was wiederum ihre Einstellung zur Marke (Response) beeinflusst.

Diese Studie kombiniert daher das S-O-R-Paradigma (Woodworth 46), die Einstellungstheorie (Zanna und Rempel 47) und die Elemente von Unternehmensgeschichten (Chiu u. a. 43) und untersucht, wie die Verbraucher die Elemente von Geschichten über Dienstleistungsmarken bewerten.

Es sollte untersucht werden, welche Auswirkungen Nützlichkeit und Affekt der Verbraucher auf die Beziehungen zwischen den Elementen einer Business Story und der Markenbindung bei Dienstleistungen haben.

Literaturübersicht

Um den Kernnutzen zu liefern, müssen Unternehmensgeschichten, auch wenn sie real oder fiktiv sein können, authentisch sein und den Kunden einen überzeugenden Plot bieten, denn die abnehmende Authentizität im Marketing macht diesen Punkt noch wichtiger (Grayson und Martinec 48).

Nach den bisherigen Diskussionen sollten die Geschichten einen Kernnutzen bieten, der zur Lösung der Probleme der Verbraucher beitragen kann.

Authentizität, Prägnanz, Umkehrung und Humor sind vier wichtige Elemente, die zu einer guten Business Story für Dienstleistungen beitragen.

Wenn eine Geschichte sachliche oder räumliche Anhaltspunkte liefert, sollten die Verbraucher eher überzeugt sein und der Geschichte Glauben schenken; das heißt, eine authentische Story liefert den Kunden echte Anhaltspunkte, die für sie nützlich sind, um das Unternehmen zu beurteilen.

Prägnanz, die den Lesern hilft, die Kernpunkte schnell zu verstehen, wäre für den Verbraucher nützlich.

Für ein Unternehmen sollten Business Stories den Kernnutzen bieten, zur Lösung der Probleme der Verbraucher beizutragen.

Forschungsdesign

Die Koeffizienten-Alphas für Authentizität, Prägnanz, Umkehrung, Humor, Nützlichkeit, Affekt und Eindringlichkeit betrugen 0,91, 0,89, 0,89, 0,93, 0,89, 0,86 bzw. 0,86.

Unsere Untersuchung der Auswirkungen von Story-Elementen auf die Reaktionen der Verbraucher stützte sich auf vollfaktorielle ANOVA-Modelle, die sich auf den Einfluss von Authentizität, Prägnanz, Umkehrung und Humor auf den Nützlichkeit, Affekt und Eindringlichkeit bezogen.

Unser Modell umfasste die vier Story-Elemente (Authentizität, Prägnanz, Umkehrung und Humor) als unabhängige Variablen, zwei Mediatoren (Nützlichkeit und Affekt) und die Eindringlichkeit als abhängige Variablen.

Diese Ergebnisse legen nahe, dass Nützlichkeit und Affekt die Auswirkungen von Authentizität, Umkehrung und Humor auf die Eindringlichkeit vermitteln.

Schlussfolgerung

Die Ergebnisse dieser Studie erweitern verwandte Forschungsarbeiten und liefern mehrere wichtige Implikationen für Dienstleistungsunternehmen, die versuchen, die Einstellung ihrer Kunden zu ihrer Marke durch Geschichten zu verbessern.

Um eine gute Unternehmensgeschichte zu liefern, sollten Dienstleistungen auf die Schlüsselelemente achten, die wir hier identifiziert haben: Authentizität, Umkehrung und Humor.

Dienstleister können im Einklang mit den in dieser Studie ermittelten Elementen einer Story berührende und nützliche Geschichten für Kunden entwickeln.

Um zu erklären, wie diese Elemente funktionieren, wird in der vorliegenden Studie das S-O-R-Paradigma angewandt. Die Ergebnisse zeigen, dass die genannten vier Elemente der Geschichte auf den Nutzen und den Affekt der Verbraucher einwirken, was wiederum ihre Einstellung gegenüber der Marke beeinflusst.

Die vorliegende Studie zeigt, dass Nützlichkeit auch die Einstellung zur Marke beeinflussen kann, und dass sowohl Nützlichkeit als auch Affekt wichtig sind, damit Elemente einer Geschichte das Verhalten beeinflussen.

Wenn Manager verstehen, wie diese vier Elemente den Kundennutzen, die Wirkung und die Einstellung zur Marke beeinflussen, können sie einen Rahmen schaffen, der ihnen hilft, gute Geschichten für Dienstleistungen zu entwickeln.

Hinweis

Maschinell erstellte Zusammenfassung basierend auf der Arbeit von Hsieh, Yi-Ching; Chiu, Hung-Chang; Tang, Yun-Chia; Liu, Chen-Hao, 2017, in Service Business.

Der Einfluss des Storytellings auf die Beziehung zwischen Verbraucher und Marke

DOI: https://doi.org/10.1057/s41270-021-00149-0

Abstract – Zusammenfassung

Das Hauptziel dieser Untersuchung war es, die strategische Rolle des Storytellings als Mittler der Beziehung zwischen Verbraucher und Marke durch die Schaffung von kognitiven, emotionalen und verhaltensbezogenen Reaktionen zu untersuchen.

Auf der Grundlage der Theorie der sozialen Identität zeigen die Ergebnisse, dass Storytelling die kognitiven Reaktionen der Verbraucher durch die Identifikation mit der Marke verbessert und die emotionalen Reaktionen der Konsumenten durch die affektive Bindung an die Marke stimuliert.

Das Storytelling regt über die Vermittlung der kognitiven und emotionalen Reaktionen der Verbraucher Verhaltensreaktionen in Form von Kaufabsichten an.

Einleitung

In dieser Studie sollte untersucht werden, wie der Einsatz von Storytelling als Marketingstrategie das Beziehungserlebnis der Verbraucher durch die Erzeugung kognitiver, emotionaler und verhaltensbezogener Reaktionen verbessert.

Das Hauptziel dieser Studie betrifft die Auswirkungen von Storytelling als Kommunikationsstrategie im Marketing im Hinblick auf die Beziehungserfahrung der Verbraucher.

Untersucht wurde die vermittelnde Wirkung sowohl kognitiver als auch emotionaler Verbraucherreaktionen innerhalb der Beziehung zwischen Storytelling und der Verhaltensdimension der Verbraucher-Marken-Beziehungserfahrung, bewertet durch die Kaufabsicht.

Auf der Grundlage der Theorie der sozialen Identität leistet diese Studie einen Beitrag zu den zunehmenden Erkenntnissen über die Rolle des Storytellings bei der Formulierung von Marketingstrategien, indem sie ein integriertes konzeptionelles Modell für die Erfahrung von Kundenbeziehungen entwickelt und testet und damit Aspekte zusammenführt, die bisher nur isoliert untersucht wurden.

Wir stellten fest, dass der Einsatz von Storytelling als Marketing-Kommunikationsstrategie die Beziehung zwischen Verbraucher und Marke verbessert und sowohl die Identifikation des Verbrauchers mit der Marke als auch das affektive Involvement der Marke steigert, was letztendlich zu einer Kaufabsicht führt.

Theoretischer Hintergrund und konzeptionelles Modell

Auf der Grundlage der Theorie der sozialen Identität schlägt unser konzeptionelles Modell vor, dass der Einsatz von Storytelling als Marketing-Kommunikationsstrategie die Beziehungserfahrung der Verbraucher durch drei Prozesse – Kognition, Emotion und Verhalten – stärkt, die die Verbraucher in ihr Denken, Fühlen und Handeln einbeziehen.

Die Theorie der sozialen Identität fördert das Verständnis von Marketingforschern hinsichtlich der Frage, wie Verbraucher eine Marke als mit ihrem privaten Selbst verbunden wahrnehmen und wie sie sich folglich entsprechend dieser Identifikation verhalten (Lam et al. 49).

Auf der Grundlage der Theorie der sozialen Identität formulierten wir die Hypothese, dass die narrative Struktur einen emotionalen und kognitiven Transfer von der Geschichte zum Verbraucher ermöglicht.

Auf der Grundlage der Theorie der sozialen Identität formulierten wir eine weitere Hypothese, dass Storytelling die Identifikation des Verbrauchers mit der Marke erhöhen kann.

Die Identifikation mit einer Marke ist ein Prädiktor für das Kaufverhalten (Park u. a. 50), da die Marke bei den Verbrauchern die gewünschte soziale Identität und die Stärkung von deren Selbstkonzept steigern kann.

Methode

Um sicherzustellen, dass die Befragten verstehen, was mit narrativer Werbung gemeint ist, wurde ihnen vor dem Ausfüllen des Fragebogens eine Einführung gezeigt, in der die Bedeutung des untersuchten Themas erläutert wurde.

Für Werbung, an die sie sich erinnerten, mussten die Befragten anschließend eine sechsstufige Skala zur Erzählstruktur ausfüllen.

Um sicherzustellen, dass die Befragten narrative Anzeigen ausgewählt hatten, führten die Forscher ein Validierungsverfahren durch.

Die Bewertung des Vorhandenseins narrativer Elemente in den von den Befragten ausgewählten Anzeigen erfolgte auf der Grundlage der narrativen Anzeigenstruktur von Escalas (51).

Bei der Gestaltung der Umfrage haben wir die von Podsakoff et al. (52) vorgeschlagenen Verfahrensmaßnahmen zum Schutz vor den üblichen methodischen Verzerrungen angewandt, d. h. wir haben die Anonymität der Befragten gewährleistet, den Befragten wurde das konzeptionelle Modell nicht bekannt gegeben, sie wurden darüber informiert, dass es keine richtigen oder falschen Antworten gibt, und sie wurden aufgefordert, so ehrlich wie möglich zu antworten.

Die narrative Struktur wurde mit einer von Escalas (51) entwickelten sechsstufigen Skala gemessen.

Ergebnisse

Die Erzählstruktur hat einen moderaten Effekt auf das affektive Involvement der Marke ($f^2 = 0{,}18$) und einen kleinen Effekt auf die Identifikation der Konsumenten mit der Marke ($f^2 = 0{,}09$).

Wir fanden eine geringe Effektgröße für das affektive Involvement der Marke ($f^2 = 0{,}02$) und eine starke Effektgröße für die Identifikation des Konsumenten mit der Marke ($f^2 = 0{,}53$) auf die Kaufabsicht.

Alle endogenen Variablen haben Q^2-Werte über Null (Identifikation der Verbraucher mit der Marke 0,056, affektives Involvement der Marke 0,089 und Kaufabsicht 0,367), was die Vorhersagekraft des Modells stützt.

Um den indirekten Einfluss der Mediatorvariablen Markenidentifikation der Konsumenten und affektives Involvement auf den Zusammenhang zwischen narrativer Struktur und Kaufabsicht zu testen, haben wir den analytischen Ansatz für Mediationseffekte von Preacher und Hayes verwendet (53).

Das bedeutet, dass die Identifikation mit der Marke und das affektive Involvement der Verbraucher den Zusammenhang zwischen der narrativen Struktur und der Kaufabsicht vollständig vermitteln.

Diskussion und Schlussfolgerung

Wir fanden heraus, dass der Einsatz von Storytelling als Marketingstrategie die Verbraucher durch die vermittelnde Rolle der kognitiven (Identifikation des Verbrauchers mit der Marke) und emotionalen (affektives Involvement) Reaktionen der Verbraucher auf die Marke zum Handeln anregt, was die Kaufabsicht erhöht.

Was die Auswirkungen auf das Management betrifft, so können die Manager einer Marke Storytelling als grundlegendes Element der strategischen Markenpositionierung nutzen, da es die Identifikation der Verbraucher mit der Marke fördert, emotionale Reaktionen hervorruft und die Verbraucher zum Handeln veranlasst.

Unsere Studie belegt, dass der Einsatz von Storytelling als Markenkommunikationsstrategie zur Entwicklung einer starken und positiven Beziehung zwischen Verbraucher und Marke führt, wodurch die Wirksamkeit der Marketingkommunikation erhöht und die Bindung der Verbraucher an die Marke gefördert wird.

Die Verwendung narrativer Strukturen in Marketing-Kommunikationsstrategien trägt positiv zur Identifikation der Verbraucher mit der Marke (Kognition) und zum affektiven Involvement (Emotion) und damit zur Steigerung der Kaufabsicht (Verhalten) der Verbraucher bei.

Limitationen und zukünftige Forschung

Künftige Studien könnten einen anderen methodischen Ansatz verfolgen, z. B. ein Längsschnittdesign, um zu untersuchen, ob sich die Reaktionen der Verbraucher auf Storytelling im Laufe der Zeit verändern.

Zukünftige Studien könnten die Anwendung qualitativer (ausführliche Interviews, Fokusgruppen etc.) und quantitativer Forschungsmethoden kombinieren, um ein tieferes Verständnis der Auswirkungen der narrativen Struktur auf die Beziehung zwischen Verbraucher und Marke zu erhalten.

Künftige Forschungsarbeiten könnten auch die Analyse der Auswirkungen des Storytelling auf die Beziehung zwischen Verbraucher und Marke auf verschiedene Produkt- und Dienstleistungskategorien und Involvement-Ebenen ausweiten.

Zukünftige Studien sollten untersuchen, ob es Unterschiede hinsichtlich des Einflusses von Storytelling auf die Beziehung zwischen Verbraucher und Marke bei Produkten und Dienstleistungen mit unterschiedlichen Nutzfunktionen gibt.

Es wäre interessant, wenn künftige Studien untersuchen würden, ob persönliche Werte und kulturelle Merkmale der Verbraucher die Wirksamkeit von Storytelling beeinflussen.

Hinweis

Maschinell erstellte Zusammenfassung basierend auf der Arbeit von Crespo, Cátia Fernandes; Ferreira, Alcina Gaspar; Cardoso, Ricardo Moita, 2022, im Journal of Marketing Analytics.

Insta-Begeisterung erfasst die Nation: Der Einfluss von Instagram auf die Absicht, in den Yellowstone-Nationalpark zu reisen

DOI: https://doi.org/10.1007/s12626-021-00099-0

Abstract – Zusammenfassung

In dieser Studie wird untersucht, wie Instagram-Fotos und Bildunterschriften die Absicht beeinflussen, in den Yellowstone-Nationalpark zu reisen, darüber hinaus wird ein Modell getestet, das auf der Theorie des geplanten Verhaltens basiert.

Die Ergebnisse deuten darauf hin, dass der Inhalt des Fotos und die allgemeine Einstellung zum Reisen durch die politische Weltanschauung vermittelt wurden und die Einstellung negativ mit der Reiseabsicht korreliert war, während hingegen eine größere soziale Rendite, subjektive Normen und wahrgenommene Verhaltenskontrolle allesamt positive Prädiktoren für eine Reiseabsicht waren.

Einleitung

Die vorliegende Studie soll das Verständnis für die Beziehung zwischen der Nutzung sozialer Medien und dem Tourismus verbessern, indem empirisch untersucht wird, wie und warum verschiedene Arten von auf Instagram geposteten Fotos und deren Bildunterschriften die Absicht von Millennials und der Generation Z, in den Yellowstone-Nationalpark zu reisen, beeinflussen können. Dazu wendet die vorliegende Studie wendet die Theorie des geplanten Verhaltens auf den neuen Kontext von Instagram und Tourismus an.

Die vorliegende Studie versucht, den Mangel an Forschungsergebnissen zu beheben, die untersuchen und erklären, wie spezifische Merkmale der Nachrichtengestaltung von Social-Media-Posts (z. B. Fotos und Bildunterschriften) mit Verhaltensabsichten im Zusammenhang mit Reisen in Verbindung stehen und wie die wahrgenommene soziale Rendite die Wahrscheinlichkeit erhöht, dass Einzelpersonen an ein bestimmtes touristisches Ziel reisen.

Literaturübersicht

Da Reisen ein beliebtes Thema in Instagram-Beiträgen ist, könnten die Nutzer das Gefühl haben, dass Reisen zu Zielen wie dem Yellowstone-Nationalpark in der Instagram-Community beliebt oder beneidenswert sind, was zu einer höheren sozialen Akzeptanz von Reisen in den Yellowstone-Nationalpark führt (subjektive Normen).

Die von einer Person wahrgenommene Verhaltenskontrolle über die Reise in einen Nationalpark könnte durch eine Vielzahl von Faktoren beeinflusst werden, wie z. B. die Beliebtheit von Reisen zu diesem spezifischen Ziel, die Kosten der Reise, die zeitliche Verfügbarkeit, die geografische Lage, das Wetter usw. Aufgrund des zunehmenden Narzissmus, der bei Nutzern sozialer Medien zu beobachten ist, wurde kürzlich ein weiterer Faktor als möglicher Einflussfaktor auf die Reiseabsicht der Nutzer analysiert: die soziale Rendite [54].

Obwohl die Technologie für den Rückgang der Besucherzahlen in den US-Nationalparks verantwortlich gemacht wird, könnte der jüngste Anstieg des Öko-Tourismus mit dem Wachstum von Instagram und anderen Social-Media-Plattformen zusammenhängen, die es den Nutzern ermöglichen, Fotos ihrer Erlebnisse mit Tausenden von Menschen zu teilen.

Methode

Um die Hypothesen zu testen, wurden Daten gesammelt, indem die Teilnehmer nach dem Zufallsprinzip zum Betrachten eines Instagram-Posts eingeteilt wurden. Die Posts variierten in einem Versuchsdesign mit 2 (Fotobedingung: Fotos von Landschaften/Geothermie oder charismatischer Megafauna) und 3 Elementen (Erzählbedingung: Touristen, charismatische Megafauna oder historische Erzählung) zwischen den Probanden.

Der Mittelwert lag bei 5,0 (SD = 1,1, α = 0,890), was darauf hindeutet, dass eine Reise zum Yellowstone-Nationalpark und das Teilen des Erlebnisses auf Instagram im Durchschnitt eine mäßige soziale Rendite bringt.

Die wahrgenommene Verhaltenskontrolle bei Reisen in den Yellowstone-Nationalpark wurde mit der Social Return Scale gemessen, die aus früheren Untersuchungen übernommen wurde [54].

Die Teilnehmer antworteten auf einer Skala von 1 (definitiv ja) bis 5 (definitiv nicht) (M = 2,0, SD = 0,91). Das bedeutet, dass die Teilnehmer im Durchschnitt der Meinung waren, dass der Instagram-Post etwas war, was sie auf dem offiziellen Instagram-Account des Yellowstone-Nationalparks erwarten würden.

Ergebnisse

Das erste Modell testete die Beziehungen zwischen den Bedingungen, der Einstellung und der Absicht, innerhalb des nächsten Jahres in den Yellowstone-Nationalpark zu reisen, sowie der wahrgenommenen Verhaltenskontrolle.

Das zweite Modell untersuchte die Beziehungen zwischer sozialer Rendite, subjektiven Normen und der Absicht, innerhalb des nächsten Jahres in den Yellowstone-Nationalpark zu reisen.

Die Analysen zeigen, dass zwar ein signifikanter Zusammenhang zwischen der Einstellung zum Reisen und der Absicht, in den Yellowstone-Nationalpark zu reisen, bestand, dieser aber in die entgegengesetzte Richtung der Vorhersage von Hypothese 3 („Es besteht eine positive Beziehung zwischen der Einstellung der Instagram-Nutzer zu Reisen in den Yellowstone-Nationalpark und ihrer Absicht, dorthin zu reisen") ging (b = − 0,61, p ≤ 0,001), was auf einen negativen Zusammenhang zwischen Einstellung und Absicht hindeutet, d. h. die Absicht, in den Yellowstone-Nationalpark zu reisen, nahm ab, je positiver die Einstellung zum Reisen in den Nationalpark wurde.

Hypothese 6 sagte voraus, dass es einen positiven Zusammenhang zwischen positiven subjektiven Normen und der Absicht, Yellowstone zu besuchen, geben würde; diese Hypothese wurde bestätigt (b = 0,41, p ≤ 0,001).

Diskussion

In dieser Studie wurde untersucht, wie das Betrachten verschiedener Arten von Instagram-Posts die Beziehungen zwischen der Einstellung zu Reisen in den Yellowstone-Nationalpark, der wahrgenommenen Verhaltenskontrolle, den subjektiven Normen, der sozialen Rendite und der Absicht, in den Yellowstone-Nationalpark zu reisen, beeinflusst.

Hypothese 2 sagte voraus, dass die Teilnehmer eine positivere Einstellung zu Reisen in den Yellowstone-Nationalpark haben würden, wenn sie Fotos von Wildtieren betrachteten, als wenn sie Landschaften oder geothermische Anlagen im Park zu sehen bekamen.

Es gab keine signifikanten Unterschiede in der Einstellung zu einer Reise nach Yellowstone zwischen denjenigen, die Fotos von Wildtieren betrachteten, und denjenigen, die Fotos von Landschaften oder geothermische Anlagen betrachteten.

Eine andere Erklärung könnte sein, dass sie zwar eine positive Einstellung zu Reisen in den Yellowstone-Nationalpark haben, dass es aber vielleicht andere Einschränkungen gibt, die in dieser Studie nicht berücksichtigt wurden und die sie daran hindern könnten, in naher Zukunft in den Park zu reisen, wie z. B. Entfernung, Geld- oder Zeitmangel.

Schlussfolgerung

Wir fanden heraus, dass Instagram-Posts über den Yellowstone-Nationalpark die Einstellung, die soziale Rendite, die subjektiven Normen und die wahrgenommene Verhaltenskontrolle bei Reisen in den Park beeinflussen.

Diese Studie gibt Aufschluss darüber, wie der Yellowstone-Nationalpark und möglicherweise auch andere naturnahe Urlaubsziele ihre Zielgruppen besser erreichen können. Außerdem zeigt sie, welche Arten von Bildmaterial und Informationen in den Veröffentlichungen auf Instagram effektiver sein könnten und wie diese die Reiseabsicht von Menschen beeinflussen.

Da die Besucherzahlen im Yellowstone-Nationalpark und anderen US-Nationalparks weiter steigen und die Parkmitarbeiter über Managementmethoden nachdenken, um negative Auswirkungen auf das Ökosystem des Parks zu verhindern oder abzumildern, ist es wichtig, besser über die Wirksamkeit von Bildern und Botschaften auf Instagram und anderen beliebten Social-Media-Plattformen informiert zu sein.

Hinweis

Maschinell erstellte Zusammenfassung basierend auf der Arbeit von Hooker, Ashton M.; Cooper, Kathryn E., 2021, in The Review of Socionetwork Strategies.

Der Aufstieg des Storytellings als das neue Marketing

DOI: https://doi.org/10.1007/s12109-012-9264-5

Abstract – Zusammenfassung

Immer mehr große und kleine Marken engagieren sich in einer Marketingaktivität, die als Content-Marketing bezeichnet wird: die Idee, dass das Storytelling der Schlüssel zur Gewinnung und Bindung von Kunden ist.

Content-Marketing ist nicht neu

Das Magatin „The Furrow" von John Deere wird oft als erstes Beispiel für Corporate Storytelling angeführt.

John Deere nutzte „The Furrow" nicht, um John Deere-Maschinen direkt zu verkaufen, sondern um Landwirte über neue Technologien zu informieren und ihnen zu zeigen, wie sie als Unternehmer erfolgreicher sein können.

So wurde John Deere zu einer fachkundigen Informationsquelle für Landwirte … und als viele Landwirte Bedarf an Maschinen hatten, wandten sie sich tatsächlich an ihren Informationsexperten, was den Umsatz von John Deere steigerte.

Die Zugangshindernisse sind beseitigt

Früher gab es drei große Barrieren, die den Zugang zum Content-Marketing verhinderten; dazu gehören:

Akzeptanz von Inhalten – Heutzutage muss eine Marke jeglicher Größe nicht mehr das Wall Street Journal sein, damit ihre Kunden ihre Inhalte akzeptieren und sich mit ihnen beschäftigen.

4 Storytelling und Markenbildung

Talent – In der Vergangenheit lehnten viele Journalisten die Arbeit für medienfremde Marken ab, da dies als Beschädigung ihres Berufs angesehen wurde.

Technologie – Heutzutage kann jede Person oder jedes Unternehmen Inhalte im Internet veröffentlichen, und zwar fast ohne Investitionen.

Die meisten der heute verfügbaren Stellen im Journalismus sind im Marketing angesiedelt, nicht bei den traditionellen Medien, da das Geschäftsmodell von Medien in vielen Märkten weiterhin Probleme hat.

Der Unterschied zwischen Medien- und Nicht-Medienmarken

Es gibt nur einen Unterschied zwischen den von einem Medienunternehmen entwickelten Inhalten und den von Marken wie Intel, John Deere oder LEGO entwickelten Inhalten: Wie das Geld hereinkommt.

Für ein Medienunternehmen werden Inhalte generiert, um direkt mit der Erstellung von Inhalten Geld zu verdienen, und zwar durch den Verkauf von bezahlten Inhalten (direkter Kauf von Inhalten) oder durch den Verkauf von Werbung (jemand sponsert die erstellten Inhalte, wie wir es bei Zeitungen und Zeitschriften sehen).

Für ein Unternehmen, das nicht im Medienbereich tätig ist, werden Inhalte erstellt, nicht um direkt von den Inhalten zu profitieren, sondern indirekt, um Kunden zu gewinnen und zu binden.

Storytelling im Mittelpunkt

Immer mehr Marken erkennen, dass alle verfügbaren Technologie-Tools wertlos sind, wenn nicht eine Content-Marketing-Strategie im Mittelpunkt des Marketings steht.

Google hat vor Kurzem sein Forschungsprojekt „Zero Moment of Truth" veröffentlicht, aus dem hervorgeht, dass die Verbraucher im Vorfeld einer Kaufentscheidung im Vergleich zum Vorjahr doppelt so viele Online-Inhalte konsumieren.

Der durchschnittliche Verbraucher hat sich mit etwa fünf Inhalten beschäftigt, bevor er eine Kaufentscheidung traf.

Um von diesem Trend zu profitieren, müssen Marken sicherstellen, dass ihre Inhalte bei diesen Entscheidungen „mitmischen".

Die große inhaltliche Herausforderung

In dem Maße, wie Content-Marketing und Storytelling zu einem größeren Teil der Marketingorganisation im Allgemeinen werden, erleben wir eine Entwicklung der Marketingabteilung zu einer Publishing-Abteilung.

Das globale Personalvermittlungsunternehmen Kelly Services gibt inzwischen über 60 % seines Marketingbudgets für die Erstellung und Verbreitung von Inhalten aus.

Auch wenn Todd Wheatland, Vizepräsident von Thought Leadership bei Kelly, erklärt, dass Kelly „seit mehr als 10 Jahren Content-Marketing betreibt", haben viele Marken immer noch Probleme mit der Struktur von Content-Marketing.

Gutes bis hervorragendes Content-Marketing

Große Content-Vermarkter haben (zum Teil seit vielen Jahren) zielgerichtete, bildungsorientierte Content-Portale entwickelt, ähnlich dem, was Medienunternehmen seit Jahrzehnten tun.

Die Website und das Unternehmen haben durch die Erstellung und Verbreitung überzeugender und relevanter Inhalte den Content-Markt für sich, ihre Kunden *und* die Medien definiert.

Beispiele hierfür sind: Joe Chernov, Vizepräsident Content-Marketing beim Marketing-Automatisierungsunternehmen Eloqua, oder Rob Yoegel, Content Marketing Director beim Website-Optimierungssoftwareunternehmen Monetate. Die besten Content-Vermarkter suchen nach Möglichkeiten, ihre Mitarbeiter in den Prozess der Inhaltserstellung einzubinden.

OpenView hat sich von einer Firma, die noch vor wenigen Jahren buchstäblich keine originären Inhalte erstellt hat, durch den Einsatz ihrer fachkundigen Mitarbeiter zu einem Powerhouse für Content-Marketing entwickelt.

Großartiges Content-Marketing bedeutet, dass die Einbindung externer Inhaltsexperten ein Muss ist.

Beispiele für Influencer- und Experten-Community-Sites sind: American Express Open Forum, Copyblogger, Social Media Examiner, Content Marketing Institute.

Nur der Anfang

Die meisten Marken haben sich auf ein sehr traditionelles Marketingmodell eingestellt, das nach Jahren der Organisation der Massenmedien eingeführt wurde.

Die Zukunft der Marketingabteilung wird halb im Marketing und halb im Publishing liegen.

Marken werden ihre Marketingziele nicht in erster Linie durch sog. Unterbrecher-Werbung erreichen, sondern durch die Erstellung und Verbreitung der wertvollsten Informationen auf dem Planeten für diese spezielle Nische.

Wer hätte je gedacht, dass die Zukunft des Marketings tatsächlich nicht im Marketing, sondern im verlegerischen Handeln liegt?

Hinweis

Maschinell erstellte Zusammenfassung basierend auf der Arbeit von Pulizzi, Joe, 2012, in Publishing Research Quarterly.

E-Commerce in der nachhaltigen Modebranche: Texte in sozialen Medien und Verbraucherverhalten

DOI: https://doi.org/10.1007/s10660-021-09498-5

Abstract – Zusammenfassung

Nach dem Aufkommen der sozialen Medien wird der nachhaltige Mode-E-Commerce durch den Erfolg von Marketingpraktiken und deren Auswirkungen auf das Verbraucherverhalten weiter herausgefordert.

Diese Studie zielt darauf ab, das Verbraucherverhalten durch Texte in sozialen Medien im Bereich des Marketings für nachhaltige Mode positiv zu beeinflussen.

Die Ergebnisse zeigen, dass Texte, die sich auf Nachhaltigkeit beziehen, einen positiven Einfluss auf das Gefällt-mir- und das Kommentarverhalten der Verbraucher haben, und dass sich Texte, die sich auf den Preis beziehen, positiv auf das Teilen und das Kommentarverhalten der Verbraucher auswirken.

Das Verbraucherverhalten wird durch Texte in den sozialen Medien über Marken und Produkte nicht wesentlich beeinflusst.

Einleitung

Diese Studie zielt darauf ab, das Konsumentenverhalten mithilfe von Social-Media-Texten im Marketing für nachhaltige Mode positiv zu beeinflussen, und wirft folgende Forschungsfrage auf: Welche Art von Social-Media-Texten kann welches Konsumentenverhalten im Marketing für nachhaltige Mode positiv beeinflussen?

Diese Studie spezifiziert die Arten von Social-Media-Texten und das Konsumentenverhalten, um das begrenzte Verständnis von nachhaltigkeitsbezogenem Modemarketing auf Social Media zu kompensieren.

Die Studie liefert relevante Empfehlungen für die Formulierungspraxis des Marketings für nachhaltige Mode in den sozialen Medien.

Modevermarkter und -manager können sich überlegen, wie sie die verschiedenen Arten von Social-Media-Texten nutzen können, um die Beteiligung der Verbraucher und ihre Kaufabsicht im Bereich des Marketings für nachhaltige Mode zu erhöhen.

Der nächste Abschnitt gibt einen Überblick über die einschlägige Literatur zu den Auswirkungen von Social-Media-Inhalten auf den elektronischen Handel mit Mode und die Beziehung zwischen Marketing für nachhaltige Mode und Verbraucherverhalten und stellt den Hintergrund von OnTheList vor.

Literaturübersicht

Die bisherige Literatur in diesem Bereich zeigt den tatsächlichen Einfluss der sozialen Medien auf Modemarken und das Verbraucherverhalten.

Weitere Forschungen zu Social-Media-Inhalten im Mode-E-Commerce, insbesondere im Marketing für nachhaltige Mode, sollten in Betracht gezogen werden.

Jüngste Forschungen haben begonnen, Marketing für nachhaltige Mode in den sozialen Medien zu untersuchen [55], aber dies ist immer noch ein wenig erforschter Bereich, der weiterer Diskussion bedarf [56].

Aus der Perspektive des Markenumsatzes zeigt die Fallstudie von Shen über H&M [57], dass die Rückgabepolitik von Modeprodukten den Umsatz nachhaltiger Mode fördert.

Aus der Diskussion lässt sich ableiten, dass das Verbraucherverhalten durch Marketing für nachhaltige Mode erheblich beeinflusst wird, jedoch ist die einschlägige Forschung, insbesondere hinsichtlich sozialer Medien, nicht ausreichend.

Die Studie untersucht eine nachhaltige Modemarke namens OnTheList als Fallstudie, um Einblicke in das Marketing für nachhaltige Mode in Entwicklungsländern zu gewinnen. Die Studie wurde daher als Fallstudie konzipiert, um den tatsächlichen Zusammenhang zwischen Marketing für nachhaltige Mode und dem Verbraucherverhalten in den sozialen Medien zu beleuchten.

Methoden

Die Studie klassifiziert die Texte des Marketings für nachhaltige Mode in verschiedene Gruppen, basierend auf der Extraktion von Schlüsselwörtern im Text Mining, und schlägt entsprechende Hypothesen vor:

- Nachhaltigkeitsbezogene Texte haben einen positiven Einfluss auf das Verbraucherverhalten beim Marketing für nachhaltige Mode in den sozialen Medien.
- Markenbezogene Texte haben einen positiven Einfluss auf das Verbraucherverhalten beim Marketing für nachhaltige Mode in den sozialen Medien.
- Preisbezogene Texte haben einen positiven Einfluss auf das Verbraucherverhalten beim Marketing für nachhaltige Mode in sozialen Medien.
- Produktbezogene Texte haben einen positiven Einfluss auf das Verbraucherverhalten beim Marketing für nachhaltige Mode in den sozialen Medien.

Die Studie untersuchte die Hypothesen, um die Kommunikationswirksamkeit von Marketing für nachhaltige Mode zwischen den vier Textarten und dem Verbraucherverhalten mittels ANOVA zu messen.

In dieser Studie wurden Markenkampagnen und Nachrichten als prädiktive Variablen verwendet, um deren Auswirkungen auf das Verbraucherverhalten im Kontext des Marketings für nachhaltige Mode zu untersuchen.

Ergebnisse

In Bezug auf die Sympathie ist das Ergebnis von V2 positiv und signifikant (24.774, $p = 0,007$) im Vergleich zu V1, was darauf hinweist, dass nachhaltigkeitsbezogene Texte in Markenkampagnen die Sympathie der Verbraucher positiv beeinflussen.

Das Ergebnis von V4 ist positiv und signifikant im Vergleich zu V1 (47.117, $p = 0,000$) und V3 (39.543, $p = 0,013$), was dafür spricht, dass nachhaltigkeitsbezogene Texte in Markennachrichten die Sympathie der Verbraucher positiv beeinflussen.

Bei den Anteilen ist das Ergebnis von V2 positiv und signifikant im Vergleich zu dem von V1 (1021, $p = 0,016$) und V3 (1400, $p = 0,043$), was zeigt, dass nachhaltigkeitsbezogene Texte auch einen positiven Einfluss auf das Sharing-Verhalten der Verbraucher haben.

Bei der Analyse der Kommentare ist das Ergebnis von V2 positiv und signifikant im Vergleich zu V1 (3088, $p = 0,000$) und V3 (3400, $p = 0,001$), was zeigt, dass nachhaltigkeitsbezogene Texte die Anzahl der Verbraucherkommentare positiv beeinflussen.

Diskussion und Schlussfolgerungen

Die Studie verwendet Text Mining und ANOVA zur Analyse und trägt empirisch zur bestehenden Literatur bei, indem sie aufzeigt, welche Art von Social-Media-Texten welches Verbraucherverhalten im Marketing für nachhaltige Mode effektiv beeinflussen kann.

Diese Studie liefert neue Erkenntnisse zum Verhältnis der Social-Media-Kommunikation zwischen dem Marketing für nachhaltige Mode und Verbraucherverhalten.

Die Vermarkter werden ermutigt, mehr Texte mit Informationen über Preisnachlässe zu veröffentlichen, niedrige Preise hervorzuheben, Kampagnen für nachhaltige Mode durchzuführen und Nachrichten über nachhaltige Mode zu veröffentlichen, um das Kommentarverhalten der Verbraucher zu verbessern.

Die Studie empfiehlt den Vermarktern, die Veröffentlichung von Texten über Marken und Produkte zu reduzieren oder diese zu vermeiden, da die Ergebnisse zeigen, dass sie keinen signifikanten Einfluss auf das Verbraucherverhalten im Bereich des Marketings für nachhaltige Mode haben.

Eine Limitation der Studie besteht darin, dass in dieser Untersuchung OnTheList als Fallstudie zur Veranschaulichung des aktuellen Marketings für nachhaltige Mode und des

Verbraucherverhaltens in sozialen Medien verwendet wurde, da in der vorhandenen Literatur nicht genügend Fallstudien, insbesondere in Entwicklungsländern, zu finden sind [56].

Hinweis

Maschinell erstellte Zusammenfassung auf der Grundlage der Arbeit von Shen, Zheng, 2021, in Electronic Commerce Research.

Vermarktung traditionsverhafteter Produkte durch Storytelling: eine Fallstudie über eine japanische Sake-Brauerei

DOI: https://doi.org/10.1007/s11628-013-0227-5

Abstract – Zusammenfassung

Diese Studie untersucht das Storytelling als Marketingstrategie zur Wiederbelebung der traditionsreichen japanischen Sake-Industrie.
 Die Studie liefert strategische Erkenntnisse zur Entwicklung neuer Marketing- und Produktionsansätze, die zur Wiederbelebung der Sake-Industrie in Japan beitragen können.
 Die Kida-Brauerei blickt auf eine fast 300-jährige Geschichte und Familientradition als Sake-Brauerei zurück.
 Diese Studie wird den traditionellen japanischen Sake-Meistern eine neue Möglichkeit bieten, neue Strategien zu erlernen, um Herausforderungen wie globale Lieferketten, die Nachfolge der Meisterkultur und des Familienunternehmens sowie die Einführung von Technologien zu bewältigen.

Einleitung

Alkoholische Getränke repräsentieren die Kultur eines Landes; die traditionellen alkoholischen Getränke eines Landes, wie z. B. der japanische Sake, sind im Laufe der Geschichte des Landes überliefert worden.
 Alkoholische Getränke sind als wichtige kulturelle Produkte anerkannt, da sie viele Geschichten, Traditionen und Geschichten enthalten.
 Der Handel mit alkoholischen Getränken hat sich zu einem eigenständigen Wirtschaftszweig mit hohem kulturellem und wirtschaftlichem Wert entwickelt (Kim 58; Kim und Jeong 59).

4 Storytelling und Markenbildung

Da es bisher keine Studie über Storytelling als Mittel zur Vermarktung von japanischem Sake gibt, untersucht diese Studie die Geschichte der Kida-Brauerei in der Präfektur Nara, Japan.

Die Studie konzentriert sich auf den aktuellen Stand der japanischen Sake-Industrie, einschließlich des Herstellungsprozesses, der wirtschaftlichen Perspektive, des Vergleichs zwischen der Sake-Industrie und anderen Brauereien und einer gezielten Fallstudie der ausgewählten Sake-Brauerei.

Theoretischer Hintergrund

Die Menschen begannen um 400 n. Chr., Sake zu brauen und zu trinken. Geschichte, Kultur und das Brauen von Sake haben in Japan sich im Laufe der Zeit verändert.

Die Kida-Brauerei ist ein bekannter Sake-Hersteller (Sakagura), der seine Tätigkeit 1718 aufnahm, als der 8. General Tokugawa Yoshimune die Region regierte. In der Edo-Zeit, in der die Kida-Brauerei vier Generationen lang Sake herstellte, gab es in der Gegend etwa 300 Brauereien.

Alle Narrative im Storytelling können Menschen identifizieren und emotionale Gemeinschaft schaffen (Herskovitz und Crystal 60).

Ein Geschichtenerzähler und ein Zuhörer teilen dieselbe Erfahrung durch dasselbe Ereignis und Thema, und die Botschaft der Geschichte wird real. Das Erzählen einer Geschichte ist mit der Entwicklung von Gefühlen für den Ort verbunden.

Eine repräsentative Art, eine Geschichte zu teilen, ist eine Gemeinschaft, die von den Besuchern freiwillig gegründet wurde. Eine andere Art des Teilens einer Geschichte ist eine Gemeinschaft, die von einer Marketingorganisation, einschließlich der lokalen Regierung, geschaffen und gefördert wird.

Fallanalyse

Koju ist ein Luxus-Sake-Produkt, für das Yamada Nishiki verwendet wird, ein spezieller Reis für die Herstellung von Sake mit einem Poliergrad von 35 %.

Die Kida-Brauerei erhält den Reis aus Kashiwara Jingu und bietet jedes Jahr 300 Flaschen Sake mit einem Fassungsvermögen von jeweils 1,8 Litern an.

Der achte Sake-Meister der Kida-Brauerei hatte keinen Sohn, aber zwei Töchter, und entschied, dass seine erste Tochter das Familienunternehmen weiterführen sollte, als diese 16 Jahre alt war. Zusammen mit ihrem Ehemann Kida Hidoshi führt diese das Unternehmen. Es gibt Toji-Meister, die für die Brauerei arbeiten, aber Kida Hidoshi leitet alle Prozesse der Sake-Herstellung und führt das Familienunternehmen.

Die Sake-Meister in der Kida-Brauerei in der Präfektur Nara müssen Grundwasser, da es in der Nähe keinen Fluss oder Berg gibt.

Ergebnisse

Die Kida-Brauerei stellt Sake aus Bioreis her, indem sie ein Ökosystem auf der Grundlage langjähriger Forschung und Entwicklung aufbaut.

Während sie die Weisheit der Vorfahren spüren, können die Besucher den ureigenen Geschmack von Sake an einem historischen Ort erleben.

Jede Region Japans kann eine Arbeitsgruppe bilden, die sich der Entwicklung von Storytelling zu Sake widmet und sich mit der Identifizierung und Aufwertung der Geschichte, der Prozesse, der Eigenschaften der Zutaten, der technologischen Merkmale und der Besonderheiten einzelner Marken befasst, sodass die Informationen zu einem Marketinginstrument für den Tourismus werden können (Jimenez-Zarco et al. 61).

Die Zusammenarbeit mit dem Sake-Brauereiverband jeder Region, mit Universitäten, Nichtregierungsorganisationen, lokalen Verwaltungsinstitutionen und Kommissionen für traditionelle Kultur ist wichtig, um lokale Sake-Marken als touristische Attraktionen zu etablieren.

Entwicklung eines experimentellen Programms zum Storytelling kann eingesetzt werden als Marketingstrategie; in vielen Regionen Japans gibt es Sake-Museen oder Sake-Verkostungsstellen. An diesen Orten können die Besucher etwas über die Geschichte der Sake-Herstellung und die Entwicklung der verschiedenen Reissorten erfahren und verschiedene Sake-Produkte probieren.

Schlussfolgerung

Diese Studie untersuchte die Frage der Wiederbelebung der Sake-Brauindustrie in Japan durch Storytelling.

Die Studie ergab, dass die Kida-Brauerei die Sake-Industrie neu erfinden kann, indem sie eine Marketingstrategie verfolgt, die auf dem Storytelling über die 300-jährige Geschichte und Tradition der Kida-Brauerei basiert.

Die künftige Forschung sollte die Erfolgsfaktoren bei einer Sake-Storytelling-Strategie durch eine empirische Untersuchung einer ausreichend großen Stichprobe von Sake-Brauereien in Japan untersuchen.

Kann die Sake-Industrie in Familienunternehmen allein auf der Grundlage ihrer Tradition dem harten Wettbewerb der Lebensmittelindustrie standhalten?

Ist es für die japanische Sake-Industrie möglich, ihre Geschäfte weiterhin nur mit den Fähigkeiten der zweiten oder dritten Generation von Familienunternehmern zu führen, in einem Umfeld, in dem CEOs Strategien entwickeln müssen, um den Herausforderungen des globalen Marktes zu begegnen?

Die Kida-Brauerei hat sich zum Ziel gesetzt, ihren Kunden qualitativ hochwertige Sake-Produkte zu liefern, die sich auf die Integrität ihrer langen Tradition stützen.

Hinweis

Maschinell erstellte Zusammenfassung basierend auf der Arbeit von Lee, Yong-sook; Shin, Woo-jin, 2014, in Service Business.

Geschichten von Einwohnern und digitales Storytelling für partizipatives Place Branding

DOI: https://doi.org/10.1057/s41254-019-00117-7

Abstract – Zusammenfassung

Digitales Storytelling (DST) oder individuelle Narrative, die über verschiedene Medien aufgezeichnet und verbreitet werden, ermutigen die Bewohner, ihre Eindrücke und Erfahrungen mit einem Ort auf sinnvolle Weise zu teilen.

DST ist ein Beispiel für die partizipative Initiative zur Markenbildung, indem es die Einwohner in alle Teile des Markenbildungsprozesses einbezieht, unverwechselbare ortsspezifische Merkmale integriert und eine gemeinschaftliche Marke fördert.

Dieser Artikel beschreibt einen DST-gestützten Ansatz für partizipatives Place Branding und untersucht, wie Place-Branding-Experten die Bewohner dazu ermutigen können, Verantwortung für die Marke eines Ortes zu übernehmen und gleichzeitig vielerlei Stimmen und Visionen zu einer einzigartigen Narrativ zu diesem Ort zu vermitteln.

Einleitung

Partizipative Place-Branding-Ansätze ermutigen die Bewohner, durch interaktive Gespräche mit den Interessengruppen über die Ortsmarke und gemeinschaftliche Place-Branding-Projekte aktive Mitglieder des Place-Branding-Prozesses zu werden (Kavaratzis 62; Kavaratzis und Kalandides 63; Zenker und Erfgen 64; Kalandides 65).

DST bietet den Bewohnern nicht nur die Möglichkeit, sich aktiv am Prozess der Markenbildung zu beteiligen, sondern auch die Verantwortung für die Kommunikation und das Design des Ortes zu übernehmen.

Auf einen Blick kann DST bei der Definition, Unterstützung und Kommunikation gemeinsamer Visionen von Einwohnern, lokalen Organisationen und Markenverantwortlichen helfen.

Eine genauere Betrachtung eines moderierten DST-Ansatzes offenbart eine Struktur und einen Kontext für fortlaufende Dialoge in der Gemeinschaft, die die Bewohner dazu einladen, ihre Meinungen über die Ortsmarke mitzuteilen und gleichzeitig die Eigenverantwortung für die Marke bei verschiedenen Interessengruppen zu fördern.

Im letzten Teil des Artikels werden dann die aktuellen partizipativen Methoden des Place Branding mit einem moderierten Ansatz des DST als Projektentwicklungsmodell für das Place Branding in Einklang gebracht.

Place Branding: eine Kurzfassung

Eine Ortsmarke ist mehr als nur ein fesselnder Slogan oder eine auffällige Werbung.

Place Branding verbindet diese variablen erwünschten Qualitäten, um den Tourismus anzukurbeln, Unternehmen anzuziehen, sich im globalen Wettbewerb zu behaupten und die Lebensqualität der Einwohner zu verbessern (Ashworth und Kavaratzis 66; Hankinson 67; Kavaratzis und Ashworth 68; Kavaratzis 69; Rainisto 70; Kotler et al. 71).

Um mit den Veränderungen der Globalisierung, der Entwicklung der Industrie, des Bevölkerungswachstums und den geografischen und infrastrukturellen Veränderungen (Ashworth und Kavaratzis 66; Anholt 72) sowie der zunehmenden Nachfrage nach Erlebnis- oder Kulturtourismus (Campelo u. a. 73; Govers und Go 74) Schritt zu halten, suchen Fachleute für Ortsmarken ständig nach Möglichkeiten, die gemeinsamen Eindrücke der Beteiligten von einem Ort und die Art und Weise, wie diese Eindrücke die Ortsmarke formen, besser zu verstehen.

Die bekanntesten Ortsmarken sind vielleicht das Ergebnis eindimensionaler Marketingtaktiken, die beliebige Slogans und Logos als einzigartige Identität eines Ortes anpreisen (Kavaratzis und Hatch 75).

Die vorherrschenden Marketingansätze neigen dazu, die Marke eines Ortes als Zusammenschluss „überschaubarer und leicht kommunizierbarer" (Kavaratzis und Hatch 75, S. 74) Elemente zu betrachten, die von den Entscheidungsträgern vorgegeben werden.

Partizipatives Branding: eine Mitgestaltung von Bedeutung

Die Einwohner beeinflussen die Marke eines Ortes mehr als jeder andere Akteur und werden von ihr beeinflusst.

Obwohl die Einwohner immer mehr zum Place-Branding-Prozess beitragen, ermutigen viele Ansätze die Einwohner noch immer nicht, sich direkt an der Umsetzung der gemeinsamen Vision der Ortsmarke zu beteiligen.

Kavaratzis' (62) partizipativer Prozess zur Markenbildung bezieht zahlreiche Interessengruppen, einschließlich der Einwohner und lokalen Gemeinschaften, in die Überlegungen und Konsultationen zur Markenvision ein. Kavaratzis schlägt vor, dass die Beratungen über die Ortsmarke den Menschen mehr Möglichkeiten bieten, sich an Projekten der Ortsmarke zu beteiligen, d. h. an solchen, die direkt von den Bewohnern durchgeführt werden, aber dieser spezifische Aspekt wurde nicht diskutiert.

4 Storytelling und Markenbildung

Jernsand und Kraff (76) schlagen ebenfalls einen theoretischen Ansatz für das Place Branding vor, der sich auf Designprojekte von Einwohnern stützt.

Diese Praxis unterstreicht die Bedeutung von moderierten partizipatorischen Ansätzen, die die Bewohner dazu inspirieren und anleiten, wie sie Ideen für Ortsmarken umsetzen können.

Erleichtertes digitales Storytelling (DST)

Als Lambert 1993 mit seinen DST-Workshops am Center for Digital Storytelling begann, erkannte er, dass Einzelpersonen oder Gruppen aus der Gemeinschaft manchmal mit anderen Institutionen zusammenarbeiten, um die Produktion von Geschichten zu erleichtern.

Wenn nun ein Erzähler kein technisches Know-how über digitale Medien hat oder mit den Strategien des Storytellings nicht vertraut ist, kann ein Moderator, der über mehr Wissen über den DST-Prozess verfügt, den Verlauf der Geschichte anleiten und lenken.

Bei Projekten, die sich mit Gruppen- oder Gemeinschaftsgeschichten befassen, können die Moderatoren einzelne Geschichten sammeln und sie dann zu einem medialen Projekt zusammenstellen, das zeigt, wie sich einzigartige Sichtweisen zu einer gemeinschaftlichen Identität verbinden können.

Im Jahr 2014 untersuchte Potter das Projekt „Big Stories, Small Towns" als „kollektive Praxis des Storytellings" (S. 117) oder als eine mediale Aktivität, die sich an Gemeinschaften richtet und von ihnen durchgeführt wird, um ihr Ortsbewusstsein und ihre Selbstidentität zu stärken.

Er stellte fest, dass ortsbezogene digitale Geschichten „eine radikale und gemeinschaftliche Neubewertung des Ortes" (S. 124) nach sich ziehen, die die Entwicklung der Gemeinschaft fördert.

DST für Ortsmarken: ein vereinfachter Ansatz

Ein DST-Projekt ist mehr als nur das Erzählen einer Geschichte, es belebt die Marken eines Ortes durch ständiges Neuverhandeln und Nacherzählen ihrer Bedeutung.

Die Kontextualisierung der Verflechtung jeder einzelnen Geschichte mit dem größeren Gemeinschaftsnarrativ unterstreicht die Rolle der Bewohner bei der kontinuierlichen Erneuerung der Bedeutung eines Ortes und der internen und externen Kommunikation von Ortsmarken.

Die DST-Initiative ist ein Beispiel für die Forderung von Zenker und Erfgen nach einem bewohnerorientierten, partizipativen Prozess der Markenbildung, der die Bewohner in jeder Phase einbezieht. Neben Phase 1 („discussion") sind dies:

In Phase 2 des DST-Ansatzes („emplotment") werden Verfahren zur Aufzeichnung und Zusammenstellung von Bewohnergeschichten zu einem vermittelten Ortsmarkennarrativ eingeführt.

Stufe 3 („support") einer DST-Ortsmarke bietet den Bewohnern Unterstützung, damit sie ihre Geschichten auch weiterhin erzählen können.

Diese Aktivitäten spiegeln die anfängliche DST-Phase wider, in der die Diskussionen der Bewohner den Ton für die Beteiligung angaben, wodurch sich der Kreis des partizipatorischen Prozesses für die Markenbildung von Orten schloss.

DST-Partnerschaften: Partizipatives Place Branding in der Praxis

Um zu zeigen, wie DST auf einen partizipativen Markenprozess angewandt werden kann, wird im untersucht, wie das Center for Digital Storytelling (2015 in StoryCenter umbenannt) Einzelpersonen und Organisationen dabei unterstützt hat, Geschichten und partizipative Medien für Reflexion, Bildung und sozialen Wandel zu nutzen (storycenter.org).

Ein moderierter DST-Ansatz fördert die Praxis des Place Branding, indem er die Aufmerksamkeit auf wichtige soziale, kulturelle, ökologische, wahrnehmungsbezogene und organisatorische Aspekte lenkt, die die Notwendigkeit der Anpassung und Veränderung der Natur von Orten kontextualisieren (charakterisieren).

Eine Stadtmarketing-Kampagne, die DST speziell für die Förderung der Marke eines Ortes einsetzt, war die Kampagne „be Berlin" (sei Berlin) im Jahr 2008.

In Anbetracht der Tatsache, dass die Ortsmarke „von Berlinern für Berlin gemacht" worden war (S. 185), betrachten Colomb und Kalandides (77) diese Kampagne als innovativen Ansatz für partizipatives Branding.

Seit der „sei Berlin"-Kampagne wurden die meisten Bemühungen um das Storytelling von Ortsmarken vor allem unter dem Blickwinkel der sozialen Medien untersucht (z. B. Kavaratzis 62; Govers 78; Oliveira und Panyik 79).

Schlussfolgerung

Als Forschungsbeitrag präsentiert dieser Artikel DST als einen erleichterten Ansatz für partizipative Place-Branding-Projekte, die die Stimmen der Bewohner während des gesamten Prozesses einbeziehen.

Im Rahmen eines dreistufigen DST-Prozesses sind die Marketingverantwortlichen dafür zuständig, (1) die Diskussionen und Beschreibungen der Erzählworkshops der Bewohner zu leiten, (2) die einzelnen Geschichten in ein vermitteltes Ortsmarkennarrativ umzuwandeln und (3) schließlich nachhaltige Unterstützung für die fortlaufende Evaluierung und Anpassung der Geschichten der Bewohner zu leisten, um die Ortsmarke auszubauen.

Ein moderierter DST-Ansatz unterstreicht ausdrücklich die Sorgfalt, die ein Praktiker bei der Entscheidung, welche Geschichten weitergegeben werden sollen, walten lassen muss, und wie die Worte des ursprünglichen Erzählers gehört werden – im wörtlichen Sinne als technische Übertragung/Medientyp, Bearbeitung und Formatierung und im übertragenen Sinne in Bezug auf Inhalt, Bedeutung und Zweck.

DST-Partnerschaften zwischen Kommunalverwaltungen, Fachleuten für Ortsmarken, Branchenführern, Gemeinden und anderen interessierten Akteuren können dazu beitragen, dass gemeinsame Anliegen geäußert und gehört werden und dass die Bedeutung von Ortsmarken neu definiert und kommuniziert wird.

Hinweis

Maschinell erstellte Zusammenfassung basierend auf der Arbeit von Hudak, Kasey Clawson, 2019, in Place Branding and Public Diplomacy.

Storytelling in der Werbung: Die Wirkung von Humor und Drama auf die Einstellung gegenüber Marken verstehen

DOI: https://doi.org/10.1057/s41262-021-00253-7

Abstract – Zusammenfassung

Diese Studie zielt darauf ab, die Einstellung der Verbraucher zu Storytelling-Videowerbung zu verstehen, die Humor und Drama als Hauptelemente enthält, und wie sich diese Aspekte auf die Einstellung zu der entsprechenden Marke auswirken.

Studie 1 (n = 232) zielte darauf ab, die Auswirkungen der affektiven Reaktion und der kognitiven Bewertung auf die Einstellung gegenüber humorvollen Werbegeschichten zu verstehen.

Studie 2 (n = 252) untersuchte die Auswirkung derselben Variablen auf die Einstellung zu dramatischen Werbespots, die Geschichten erzählen.

Studie 3 (n = 284) zielte darauf ab, die Auswirkungen der Einstellung gegenüber humorvoller und dramatischer Storytelling-Werbung auf die Einstellung gegenüber der Marke zu verstehen.

Die Ergebnisse zeigen, dass die affektive Reaktion der wichtigste Einflussfaktor für die Einstellung zu humorvoller Storytelling-Werbung ist, während die kognitive Bewertung die Einstellung zu dramatischer Storytelling-Werbung beeinflusst.

Die Einstellung zu humorvollen Geschichten in Werbespots trägt mehr zur Bildung von Eindringlichkeit bei als dramatische Werbespots mit Storytelling.

Einleitung

Eines der am weitesten verbreiteten Instrumente für das Marketing und die Kommunikation mit den Verbrauchern ist das Storytelling oder die erzählende Werbung.

Das Ziel jeder Art von Werbung, einschließlich des Storytellings, ist es, bestimmte Emotionen beim Publikum zu vermitteln, die wiederum Einstellungen und Kaufabsichten auslösen (Chung und Zhao 80).

Die Studie von Dessart (81) über Storytelling und Werbestrategie zeigt eine positive Beziehung zwischen dem Transport von Geschichten, der Identifikation mit der Figur und der Einstellung zur Marke.

Die hier vorgestellte Studie konzentriert sich auf Videowerbung, die Geschichten mit Drama und Humor enthält.

Unterstützt von Fenger et al. (82) und Nie et al. (83) versucht diese Studie vor allem zu verstehen, wie Videowerbung, die eine Geschichte darstellt, das Verbraucherverhalten beeinflussen kann.

Das Hauptaugenmerk dieser Studie liegt auf dem Verständnis der Emotionen, die durch humorvolle und dramatische Werbung hervorgerufen werden, da es einen deutlichen Unterschied zwischen den beiden gibt.

Literaturübersicht

Unternehmen investieren auch in Storytelling-Werbung als Mittel zur Markenbildung und zur effektiven Kommunikation mit den Verbrauchern, um sich von der Konkurrenz abzuheben (Fog et al. 84).

Werbung mit Geschichten, die beim Verbraucher Reaktionen in Form von Sympathie, Empathie, Empfindungen und Emotionen hervorrufen, kann zu positiven oder negativen Eindrücken in Bezug auf ein Produkt, eine Dienstleistung und/oder eine Marke führen.

Die Marken investieren in eine interaktive Werbung, die die Verbraucher anspricht, und anstatt Fakten zu nennen, müssen sie die Verbraucher überzeugen, und das hängt vom Inhalt der Werbung ab (Du Plessis 85).

Markenbewusste Verbraucher sind empfänglicher für Werbung oder Werbevideos, die Geschichten vermitteln, die ihre Gefühle ansprechen.

Der Prozess der Verknüpfung von Verbrauchergeschichten und Markengeschichten wird als narrative Werbung bezeichnet (Hirschman 86). Zu der emotionalen Verbindung, die narrative Werbung mit den Verbrauchern herstellt, kann sie auch den Denkprozess des Publikums beeinflussen.

Forschungsrahmen

Die Reaktion der Zuschauer auf die Werbung hat wahrscheinlich einen erheblichen Einfluss auf ihre Einstellung gegenüber der beworbenen Marke (Gelb und Pickett 87), und sie kann sowohl affektive Reaktionen als auch kognitive Bewertungen umfassen.

Die Untersuchung von Shimp (88) war eine der ersten, die vorschlug, dass neben der kognitiven Bewertungskomponente auch die affektive Komponente die Einstellung zur Werbung beeinflusst.

4 Storytelling und Markenbildung

Die untersuchten Hypothesen lauteten u. a.:

- Die affektive Reaktion hat eine signifikante Auswirkung auf die Einstellung zu humorvoller Video-Storytelling-Werbung.
- Die kognitive Bewertung hat eine signifikante Auswirkung auf die Einstellung der Verbraucher zu humorvollen Werbevideos mit Geschichten.
- Die kognitive Bewertung hat eine signifikante Auswirkung auf die Einstellung der Verbraucher zu dramatischen Werbevideos mit Geschichten.

Studien, die sich dieser Logik bedient haben, kamen zu unterschiedlichen Ergebnissen: Die Einstellung einer Person gegenüber einer Werbemaßnahme kann die Einstellung zur dargestellten Marke erheblich beeinflussen (Mitchell und Olson 89; Shimp 88; Spears und Singh 90, Sallam, Algammash und Management 91).

Methodik und Analyse

Studie 1 untersuchte die Auswirkungen der affektiven Reaktion und der kognitiven Bewertung von humorvollen Video-Storytelling-Werbung.

In Studie 2 wurde versucht, den Einfluss der affektiven Reaktion und der kognitiven Bewertung auf die Einstellung gegenüber dramatischer Video-Storytelling-Werbung zu untersuchen.

Studie 3 untersuchte die Auswirkungen der Einstellung gegenüber humorvoller und dramatischer Videowerbung auf die Einstellung gegenüber der Marke, auf der der Inhalt basiert.

Die Messgrößen für die Variablen der Studie wurden aus der bisherigen Literatur übernommen, in der sie gründlich auf Gültigkeit und Zuverlässigkeit getestet wurden.

Bevor die Daten für die Hauptstudien erhoben wurden, wurde der Fragebogen an fünf Sachverständige geschickt, um die Validität zu prüfen.

Eine Pilotstudie mit einer kleinen Stichprobe von 50 Antworten wurde durchgeführt, um die Zuverlässigkeit der Maßnahmen zu testen.

Sowohl die Modelle zur Datenerhebung als auch die Beziehungen wurden für die drei Studien einzeln getestet.

Studie 1: Verständnis der Einstellung zu humorvoller Werbung

Da die Ergebnisse zur Zuverlässigkeit und Gültigkeit des Modells der Datenerhebung zufriedenstellend waren, wurde eine Regressionsanalyse durchgeführt, um die Hypothesen der Studie zu prüfen.

Modell 1 bestand nur aus den Kontrollvariablen Alter, Geschlecht und Vorerfahrung mit der Marke als Vorhersageparameter für die Einstellung zu humorvoller Werbung.

Die Modelle 2 und 3 untersuchten die individuellen Auswirkungen der affektiven Reaktion bzw. der kognitiven Bewertung auf die Einstellung gegenüber humorvoller Werbung.

Modell 4 testete die kombinierte Wirkung von affektiver Reaktion und kognitiver Bewertung auf die Einstellung zu humorvoller Werbung.

Die affektive Reaktion ist der wichtigste Einflussfaktor für die Einstellung zu humorvoller Werbung (Hypothese 1a).

Die affektive Reaktion (Hyopthese 1a) trägt mehr zur erklärten Varianz der Einstellung zu humorvoller Werbung bei als die kognitive Bewertung (Hypothese 1b).

Studie 2: Verständnis der Einstellung gegenüber dramatischer Werbung

Ähnlich wie in Studie 1 bestand Modell 1 von Studie 2 nur aus den Kontrollvariablen, nämlich Alter, Geschlecht und Vorerfahrung mit der Marke als Vorhersageparameter für die Einstellung gegenüber dramatischer Werbung.

Die Modelle 2 und 3 untersuchten die individuellen Auswirkungen der affektiven Reaktion bzw. der kognitiven Bewertung auf die Einstellung zu dramatischer Werbung.

Modell 4 untersuchte die kombinierte Wirkung von affektiver Reaktion und kognitiver Bewertung auf die Einstellung zu dramatischer Werbung.

Ähnlich wie in Studie 1 war die Vorerfahrung mit der Marke eine signifikante Kontrollvariable, die die Einstellung zu dramatischer Werbung beeinflusste.

Studie 3: Verständnis der Einstellung zur Marke in der Werbung

Modell 1 bestand nur aus Kontrollvariablen, nämlich Alter, Geschlecht und Vorerfahrung mit der Marke als Vorhersageparameter für die Einstellung gegenüber der Marke.

Die Modelle 2 und 3 untersuchten die individuellen Auswirkungen der Einstellung zu humorvoller Werbung und der Einstellung zu dramatischer Werbung auf die Einstellung gegenüber der Marke.

Modell 4 testete die kombinierte Wirkung der Einstellung zu humorvoller Werbung und der Einstellung zu dramatischer Werbung auf die Einstellung gegenüber der Marke.

Ähnlich wie in den Studien 1 und 2 nimmt die Stärke der Auswirkung auf die Einstellung gegenüber der Marke ab, wenn andere Variablen hinzugefügt werden.

Das Geschlecht hat in den Modellen 2 und 4 einen signifikanten Einfluss auf die Einstellung gegenüber der Marke.

Bei der Analyse der abhängigen Variablen zeigt sich, dass die Einstellung zu humorvoller Werbung die Einstellung gegenüber der Marke stärker beeinflusst als die dramatische Werbung.

Modell 4 erklärt eine Gesamtvarianz von 75,9 % der Einstellung gegenüber der Marke.

Diskussion

Mehrere Studien haben gezeigt, dass eine Marke mehr ist als ein Produkt oder eine Dienstleistung. Sie ist eine Beziehung aus funktionalen und emotionalen Werten, die sie dem Kunden bietet. Diese Aussage ist für die hier vorgestellte Studie relevant, da sie zwei Komponenten untersucht, die sich auf die Emotionen der Verbraucher beziehen, nämlich die affektive Reaktion und die kognitive Bewertung, die von dramatischen und humorvollen Storytelling-Werbungen abgeleitet werden.

Dies ist eine der ersten Studien in der Literatur, die beweist, dass die Einstellung zu humorvoller Storytelling-Werbung einen stärkeren Einfluss auf die Einstellung gegenüber der in der Werbung dargestellten Marke hat als diejenige zu dramatischer Storytelling-Werbung.

Die Ergebnisse der Studie 2 über dramatische Storytelling-Werbung deuten ebenfalls darauf hin, dass sowohl die kognitive Bewertung als auch die affektiven Reaktionen die Einstellung gegenüber der Werbung erheblich beeinflussen.

Ein wichtiges und interessantes Ergebnis der Untersuchung ist, dass humorvolle Storytelling-Werbung im Vergleich zu dramatischer Werbung vor allem aufgrund der affektiven Reaktionskomponente des Modells stärker zu einer positiven Eindringlichkeit beitragen kann.

Um Werberessourcen effektiv zu nutzen und die Kosten zu minimieren, müssen Manager einer Marke die wahrscheinliche Einstellung ihrer Kunden zu verschiedenen Arten von Storytelling-Werbung kennen.

Hinweis

Maschinell erstellte Zusammenfassung basierend auf der Arbeit von Kasilingam, Dharun; Ajitha, Soundararaj, 2022, im Journal of Brand Management.

Praktiken der Markenerweiterung und die Reaktion der Verbraucher auf die Ökologisierungsversuche der FMCG-Giganten

DOI: https://doi.org/10.1057/s41262-022-00274-w

Abstract – Zusammenfassung

Wir streben ein tieferes Verständnis dafür an, wie die Theorie der grünen Markenerweiterung in der Praxis des Markenmanagements effektiv eingesetzt wird.

Wir haben drei aufeinanderfolgende Studien durchgeführt, um die Aktivitäten der Unternehmen und die Wahrnehmungen der Verbraucher zu untersuchen. (1) Mithilfe einer qualitativen Inhaltsanalyse untersuchen und erklären wir die Merkmale von 37 grünen Markenerweiterungen. (2) Wir diskutieren grüne Markenerweiterungen in vier Fokusgruppen und kategorisieren die Facetten der Verbraucherskepsis. (3) Um die Ergebnisse zu vertiefen und zu triangulieren, führen wir 50 Interviews mit Verbrauchern mit einem breiten Spektrum an Umweltengagement.

Wir stellen drei Merkmale grüner Markenerweiterungen vor, die auf ihren Vorteilen und Nutznießern basieren.

Wir betonen, dass im Gegensatz zur ursprünglichen Theorie der Markenerweiterung der Haupt-Imagetransfer auf umgekehrte Greening-Effekte abzielt.

Wir zeigen empirisch, dass Verbraucher mit einem höheren Umweltengagement grüne Markenerweiterungen kritischer hinterfragen werden.

Einleitung

Wir konzentrieren uns auf die Untersuchung von Konsumgütern wie Haushaltsreinigungsmitteln, Kosmetika, Toilettenartikeln und Lebensmitteln, die als grüne Markenerweiterungen etablierter Marken in Deutschland eingeführt wurden.

Wir befassen uns mit den folgenden konsekutiven Forschungsfragen: (a) Wie machen FMCG-Marken (FMCG = „fast-moving consumer goods" schnellebige Konsumgüter) auf dem deutschen Markt von grünen Markenerweiterungen Gebrauch? (b) Wenn Unternehmen grüne Markenerweiterungen einsetzen, wie nehmen die Verbraucher diese Erweiterungen wahr? (c) Wie äußern sich die Verbraucher, ob und wie grüne Markenerweiterungen das Image der Muttermarke beeinflussen?

Wir versuchen, die Berichte der Verbraucher über die Wahrnehmung und Bewertung von grünen Markenerweiterungen mit den theoretischen Konzepten des Umweltengagements, der Markentreue und des Markenwissens zu verbinden.

Wir konzentrieren uns auf die Verbraucherperspektive und untersuchen die Schattenseiten der Verbraucherwahrnehmung grüner Markenerweiterungen, die sich in verschiedenen Kategorien von Skepsis äußern.

Wir stellen fest, dass Verbraucher mit einem höheren Umweltengagement grüne Markenerweiterungen vermutlich kritischer prüfen.

Theoretischer Hintergrund

Grüne Markenerweiterungen können zwei Ziele auf einmal erreichen: Erstens erfüllen sie die Anforderungen umweltbewusster Verbraucher; zweitens kann das neue Produkt, ähnlich wie bei nicht-grünen Markenerweiterungen, auf die Stammmarke synergistisch abfärben (Tauber 92, S. 41).

Die Studie von Hill und Lee (93), die sich auf die US-amerikanische Modeindustrie und eine Stichprobe von Verbrauchern der Generation Y beschränkte, zeigte empirisch, dass das Wissen der Verbraucher über Nachhaltigkeit und die bestehenden Bewertungen des Verantwortungsbewusstseins eines Unternehmens für die Umwelt einen Einfluss auf die Wahrnehmung grüner Markenerweiterungen sowie auf potenzielle wechselseitige Effekte haben.

Während Aagerup und Nilsson (94) berichten, dass „sich die Erkenntnis durchsetzt, dass andere Faktoren als interne Umwelteinstellungen, Werte und Normen die Entscheidung der Verbraucher für den Kauf umweltfreundlicher Produkte und Dienstleistungen beeinflussen können" (S. 274), wurden im Rahmen der vorgestellten Studie Daten zum Konstrukt des Umweltengagements erhoben, um die Reaktionen der Verbraucher auf grüne Markenerweiterungen besser zu verstehen und zu erklären.

Forschungsziele und Methodik

Die FMCG-Industrie wird als einer der wettbewerbsfähigsten und dynamischsten Sektoren bezeichnet (Niedermeier et al. 95).

In Bezug auf die grüne Bewegung haben Wissenschaftler festgestellt, dass zum Beispiel fast alle Hersteller von Haushaltsreinigungsmitteln grüne Produktalternativen entwickelt haben.

Gleichzeitig stehen die FMCG-Industrie und ihre Lieferketten für Umweltverschmutzung, hohes Abfallaufkommen, insbesondere Plastikverpackungen, und den übermäßigen Konsum in modernen Gesellschaften (Athavaley 96; Niedermeier et al. 95).

Dementsprechend wiesen Schmuck et al. (97) darauf hin, dass deutsche Verbraucher im Vergleich zu den USA eine höhere Erkennungsrate falscher grüner Behauptungen von Unternehmen aufweisen.

Die Untersucher wollten herausfinden, ob die Verbraucher, wie von den Unternehmen beabsichtigt, einen wechselseitigen Einfluss auf die Umwelt wahrnehmen, und wenn ja, wie die Verbraucher darauf reagieren. Mit 50 Interviews haben sie die Rolle des Umweltengagements bei der Wahrnehmung von grünen Markenerweiterungen untersucht.

Studie 1: Praktiken der grünen Markenerweiterung

Die Daten wurden ohne eine vorgefasste Anordnung von Merkmalen grüner Markenerweiterungen kodiert, was der Idee der Grounded Theory folgt, Muster zu suchen und Kategorien zu destillieren (Glaser und Strauss 98).

Merkmale mit einem ähnlichen Muster, z. B. grüne Markenerweiterungen mit dem Verkaufsargument der geringeren Umweltschädigung, wurden in Kategorien zusammengefasst (Morgan 99).

Mit einem begrenzten Fokus auf die übertragenen Eigenschaften der Muttermarke im ursprünglichen Konzept spiegelt unsere Kategorisierung der grünen Markenerweiterungen deren Eigenschaften selbst wider.

Die beobachteten grünen Markenerweiterungen zeigen, dass die Qualität und das Fachwissen der Muttermarke übertragen werden und eine hohe Übereinstimmung zwischen Muttermarke und Erweiterung besteht.

Wir haben grüne Markenerweiterungen in verschiedenen Produktkategorien beobachtet, wobei Lebensmittel und Toilettenartikel überrepräsentiert sind.

Studie 2: Facetten des Skeptizismus

Bei der Untersuchung der Merkmale grüner Markenerweiterungen haben wir uns für Zielgruppenforschung entschieden, um die Reaktionen der Verbraucher eingehender zu untersuchen (Bray et al. 100).

In den Gruppendiskussionen wurden die in Studie 1 identifizierten grünen Markenerweiterungen benannt und kurz als Anregung verwendet, und es wurden Gedanken über ihre Eigenschaften diskutiert.

Die Diskussionsteilnehmer äußerten, dass grüne Markenerweiterungen keine konsequente und angemessene Strategie seien, sondern dass solche Alternativen das „kleinere Übel" und ein bisschen „besser als ihre Nichtexistenz" seien (Zielgruppe 1).

Durch die Fokussierung auf die kritischen Verbrauchereinschätzungen verzerren wir das Bild nicht, sondern geben einen tieferen Einblick in die Facetten der Skepsis der Diskussionsteilnehmer und beleuchten die Schattenseiten grüner Markenerweiterungen.

Die Teilnehmer diskutierten eine Hierarchie der Nachhaltigkeit des Konsums, die auf den Dimensionen der Umweltfreundlichkeit sowohl des Lieferanten als auch des Produkts aufbaut.

Studie 3: Der Einfluss des Umweltengagements

Die Befragten äußerten sich zu ihrer Einstellung gegenüber grünen Markenerweiterungen und zu den Muttermarken und gaben gleichzeitig an, ob die Umweltversprechen der Marken glaubwürdig sind oder nicht.

Die Befragten brachten ihre Skepsis zum Ausdruck, indem sie auf ausbeuterische Motive der Initiatoren grüner Markenerweiterungen hinwiesen.

In dieser Hinsicht verallgemeinerten die Befragten die generellen Gewohnheiten der Muttermarken, z. B. „Industrialismus" und „Kapitalismus", auf ihre Bewertung der grünen Markenerweiterungen.

Wir stellten fest, dass die wenig involvierten Befragten selten Skepsis zeigten, d. h. ausbeuterische Motive der Marke und eine geringe Passung zwischen den Marken von Tochter- und Mutterunternehmen.

In Bezug auf einzelne grüne Markenerweiterungen konnte eine positive Korrelation zwischen der Produktwahrnehmung und dem Umweltengagement der Befragten nachgewiesen werden (z. B. recyceltes Toilettenpapier, $r = 0,469$; $p < 0,01$).

Diskussion

Während Olsen u. a. (101) herausgefunden haben, dass die ökologische Legitimität eines Mutterunternehmens die reziproken Effekte einer grünen Erweiterung auf die Muttermarke positiv beeinflusst, beobachten wir, wie die Verbraucher die Übertragung negativer Eigenschaften (z. B. Vernachlässigung des Tierschutzes oder der Arbeitsbedingungen) vom Mutterunternehmen auf die Markenerweiterung bewerten.

Wir interpretieren die Antworten der Verbraucher dahingehend, dass jeder Transfer einen Bezugspunkt für eine Übereinstimmung, Ähnlichkeit oder Komplementarität erfordert; dies gilt auch für einen Rückwärtstransfer, bei dem die meisten Verbraucher die umweltfreundlichen Eigenschaften der grünen Markenerweiterung nicht mit einer gegenteiligen Haltung der Muttermarke in Verbindung bringen konnten.

Die Wirksamkeit grüner Markenerweiterungen hängt nicht nur davon ab, wie gut die Erweiterung zur Stammmarke passt, sondern auch von Markenmerkmalen wie der Größe des Unternehmens sowie Eigenschaften der Verbraucher wie Umweltengagement.

Schlussfolgerung

Grüne Markenerweiterungen erfüllen einerseits die Anforderungen bestimmter Verbrauchergruppen, andererseits zielen sie darauf ab, das Image der Muttermarke zu verbessern.

Die Skepsis in der Diskussion gegenüber den Ökologisierungsversuchen der FMCG-Giganten beinhaltet auch die Haltung gegenüber grünen Markenerweiterungen als opportunistisch.

Es ist vielversprechend, die Idee der grünen Markenerweiterungen in die Grundstruktur des Markenmanagements einzubeziehen.

Grüne Markenerweiterungsstrategien sollten diese Studie als einen Aufruf zur Zurückhaltung betrachten: Ein vorsichtiger Ansatz mit einer schrittweisen Erweiterung des Portfolios kann vorteilhafter sein, als die Skepsis der Verbraucher im weiteren Verlauf grüner Markenerweiterungsmaßnahmen zu ignorieren.

Hinweis

Maschinell erstellte Zusammenfassung basierend auf der Arbeit von Hesse, Andreas; Bündgen, Karolin; Claren, Saskia; Frank, Sarah, 2022, im Journal of Brand Management.

Literatur

1. Dias, L., and P. Dias. 2018. Beyond Advertising Narratives: "Josefinas" and their storytelling products. Anàlisi. 58: 47. https://doi.org/10.5565/rev/analisi.3118.
2. Carroll, B.A., and A.C. Ahuvia. 2006. Some antecedents and outcomes of brand love. Marketing Letters 17 (2): 79–89. https://doi.org/10.1007/s11002-006-4219-2.
3. Batra, R., A. Ahuvia, and R.P. Bagozzi. 2012. Brand love. Journal of Marketing 76 (2): 1–16. https://doi.org/10.1509/jm.09.0339.
4. Loyal, K. (2018). Brand storytelling, defined. Retrieved from: www.scribewise.com/brand-storytelling-defined/
5. Mucundorfeanu, M. (2018). The Key Role of Storytelling in the Branding Process. Journal of Media Research 11(1(30)), pp. 42–54. https://doi.org/10.24193/jmr.30.3
6. Roberts, K. 2004. Lovemarks: El futuro más allá de las marcas. Madrid: Empresa Activa.
7. Biesenbach, R. (2018a). Unleash the Power of Storytelling: Win hearts, Change minds, Get results. Illinois: Eastlawn Media.
8. Yin, R.K. (1994). Case Study Research Design and Methods. In Applied Social Research Methods Series (2nd ed., pp. 1–53). London: SAGE Publications.
9. Bergkvist, L., and T. Bech-Larsen. 2010. Two studies of consequences and actionable antecedents of brand love. Journal of Brand Management 17 (7): 504–518. https://doi.org/10.1057/bm.2010.6.
10. Kapferer, J.N. (2003). As Marcas: Capital da Empresa. Lisboa: Campo das Letras
11. Albert, N., and D. Merunka. 2013. The role of brand love in consumer-brand relationships. Journal of Consumer Marketing 30 (3): 258–266. https://doi.org/10.1108/07363761311328928.
12. Keller, K.L. 2013. Strategic Brand Management Building, Measuring, and Managing Brand Equity. Journal of Brand Management. https://doi.org/10.1057/bm.1998.36.
13. Mossberg, L. and Nissen Johansen, E. (2006) Storytelling: Marknadsföring i upplevelseindustrin, [Storytelling: Marketing in the Experience Industry] Göteborg, Sweden: Studentlitteratur.
14. Chang, C. (2009) 'Being hooked' by editorial content: The implications for processing narrative advertising. Journal of Advertising 38 (3): 51–65.
15. Stern, B.B. (1994) Classical and vignette television advertising dramas: Structural models, formal analysis and consumer effects. Journal of Consumer Research 20 (4): 601–615.
16. Gabriel, Y. and Lang, T. (1995) The Unmanageable Consumer: Contemporary Consumption and Its Fragmentation. London: SAGE Publications.
17. Fournier, S. 1998. Consumers and their brands: developing relationship theory in consumer research. Journal of Consumer Research 24 (4): 343–373. https://doi.org/10.1086/209515.
18. Woodside, A.G., S. Sood, and K.E. Miller. 2008. When consumers and brands talk: storytelling theory and research in psychology and marketing. Psychology and Marketing 25 (2): 97–145.
19. Halliday, J. (1998) Ford division expands storytelling ads for '99. Automotive News 24 August: 72.
20. Salzer-Mörling, M. and Strannegård, L. (2004) Silence of the brands. European Journal of Marketing 83 (1/2): 224–238.
21. Simmons, J. (2006) Guinness and the role of strategic storytelling. Journal of Strategic Marketing 14 (March): 11–18.
22. Kaufman, B. (2003) Stories that sell, stories that tell. Journal of Business Strategy 24 (2): 11–15.
23. Escalas, J.E. (2004a) Imagine yourself in the product: Mental simulation, narrative transportation, and persuasion. Journal of Advertising 33 (2): 37–48.
24. Guber, P. (2007) The four truths of the storyteller. Harvard Business Review 85 (12): 52–59.
25. Firat, F.A. and Venkatesh, A. (1995) Liberatory postmodernism and the reenchantment of consumption. Journal of Consumer Research 22 (3): 239–267.

26. Holt, D.B. (2002) Why do brands cause trouble? A dialectical theory of consumer culture and branding. Journal of Consumer Research 29 (1): 70–90.
27. Desai, K.K. and Keller, K.L. (2002) The effects of ingredient branding strategies on host brand extendibility. Journal of Marketing 66 (1): 73–93.
28. Martin, I.M., Stewart, D.W. and Matta, S. (2005) Branding strategies, marketing communication and perceived brand meaning: The transfer of purposive, goal-oriented brand meaning to brand extensions. Journal of the Academy of Marketing Science 33 (3): 275–294.
29. Papadatos, C. (2006) The art of storytelling: How loyalty marketers can build emotional connections to their brands. Journal of Consumer Marketing 23 (7): 382–384.
30. Huang, W. (2010) Brand story and perceived brand image: Evidence from Taiwan. Journal of Family and Economic Issues 31 (3): 307–317.
31. Long, G. (2007) Transmedia storytelling. Business, aesthetics and production at the Jim Henson Company. Master's dissertation, MIT. http://cms.mit.edu/research/theses/GeoffreyLong2007.pdf.
32. Erickson, F. (1986) Qualitative methods in research on teaching. In: M. Wittrock (ed.) handbook of research on teaching. New York: Macmillan, pp. 119–161.
33. Ryu, K., X.Y. Lehto, S.E. Gordon, and X. Fu. 2019. Effect of a brand story structure on narrative transportation and perceived brand image of luxury hotels. Tourism Management 71: 348–363.
34. Laurence, D., and P. Valentina. 2019. How stories generate consumer engagement: An exploratory study. Journal of Business Research 104: 183–195.
35. Wang, J., and B.J. Calder. 2006. Media transportation and advertising. Journal of Consumer Research 33 (2): 151–162.
36. Fog, K., C. Budtz, and B. Yakaboylu. 2010. Storytelling: Branding in Practice, 2nd ed. Heidelberg: Springer.
37. Gefen, D., D.W. Straub, and M.C. Boudreau. 2000. Structural equation modeling and regression: Guidelines for Research Practice. Communications of the AIS 4: 1–76.
38. Carnevale, M., O. Yucel-Aybat, and L. Kachersky. 2018. Meaningful stories and attitudes toward the brand: The moderating role of consumers' implicit mindsets. Journal of Consumer Behaviour 17 (1): e78–e89.
39. Napoli, J., S.J. Dickinson, M.B. Beverland, and F. Farrelly. 2014. Measuring consumer-based brand authenticity. Journal of Business Research 67 (6): 1090–1098.
40. Hu, L., and P.M. Bentler. 1999. Cutoff criteria for fit indexes in covariance structure analysis: Conventional criteria versus new alternatives. Structural Equation Modeling: A Multidisciplinary Journal 6 (1): 1–55.
41. Morhart, F., L. Malär, A. Guèvremont, F. Girardin, and B. Grohmann. 2015. Brand authenticity: An integrative framework and measurement scale. Journal of Consumer Psychology 25 (2): 200–218.
42. Casebeer WD (2008) The stories markets tell-affordances for ethical behavior in free exchange. In: Paul JZ (ed) Moral markets: the critical role of values in the economy. Princeton University Press, Princeton, pp 3–15
43. Chiu HC, Hsieh YC, Kuo YC (2012) How to align your business stories with your products. J Retail 88(2):262–275
44. Martin K, Todorov I (2010) How will digital platforms be harnessed in 2010, and how will they change the way people interact with brands? J Interact Advert 10(2):61–66
45. Taylor, S. S., Fisher, D., & Dufresne, R. L. (2002). The aesthetics of management storytelling: A key to organizational learning. Management Learning, 2002(33), 313.
46. Woodworth RS (1928) Dynamic psychology. In: Murchison C (ed) Psychologies of 1925. Clark University Press, Worcester

47. Zanna MP, Rempel JK (1988) Attitude: a new look at an old concept. In: Daniel Bar-Tal, Kruglanski A (eds) The social psychology of knowledge. Cambridge University Press, New York, pp 315–334
48. Grayson K, Martinec R (2004) Consumer perceptions of iconicity and indexicality and their influence on assessments of authentic market offerings. J Consum Res 31(2):296–312
49. Lam, S.K., M. Ahearne, Y. Hu, and N. Schillewaert. 2010. Resistance to brand switching when a radically new brand is introduced: A social identity theory perspective. Journal of Marketing 74 (6): 128–146. https://doi.org/10.1509/jmkg.74.6.128.
50. Park, C.W., D.J. Maclnnis, J. Priester, A.B. Eisingerich, and D. Lacobucci. 2010. Brand attachment and brand attitude strength: Conceptual and empirical differentiation of two critical brand equity drivers. Journal of Marketing 74 (6): 1–17. https://doi.org/10.1509/jmkg.74.6.1.
51. Escalas, J.E. (2004b) Narrative processing: Building consumer connections to brands. Journal of Consumer Psychology 14 (1/2): 168–180.
52. Podsakoff, P.M., S.B. MacKenzie, J.-Y. Lee, and N.P. Podsakoff. 2003. Common method biases in behavioral research: A critical review of the literature and recommended remedies. Journal of Applied Psychology 88 (5): 879–903. https://doi.org/10.1037/0021-9010.88.5.879.
53. Preacher, K.J., and A.F. Hayes. 2008. Asymptotic and resampling strategies for assessing and comparing indirect effects in multiple mediator models. Behavior Research Methods 40 (3): 879–891. https://doi.org/10.3758/BRM.40.3.879.
54. Boley, B. B., Jordan, E. J., Kline, C., & Knollenberg, W. (2018). Social return and intent to travel. Tourism Manage, 64, 119–128. https://doi.org/10.1016/j.tourman.2017.08.008
55. Kong, H. M., Witmaier, A., & Ko, E. (2021). Sustainability and social media communication: How consumers respond to marketing efforts of luxury and non-luxury fashion brands. Journal of Business Research, 131, 640–651. https://doi.org/10.1016/j.jbusres.2020.08.021.
56. Mukendi, A., Davies, I., McDonagh, P., & Glozer, S. (2020). Sustainable fashion: Current and future research directions. European Journal of Marketing, 54(11), 2873–2909. https://doi.org/10.1108/EJM-02-2019-0132
57. Shen, B. (2014). Sustainable fashion supply chain: Lessons from H& M. Sustainability, 6, 6236–6249. https://doi.org/10.3390/su6096236
58. Kim MJ (2010) Effects of ethnocentrism and receptivity to other cultures affecting Preference for traditional alcohol drinks: focusing on Makgeolli and Sake. Food Serv Manag 13(4):7–31
59. Kim MH, Jeong HG (2010) The study on development of local dishes in Chungcheongnam-do through storytelling: centered on King Muryeong and King Tamra and Mongyudowonbangbap. J Korea Soc Food Cult 25(3):213–232
60. Herskovitz S, Crystal M (2010) The essential brand persona: storytelling and branding. J Bus Strateg 31(3):21–28
61. Jiménez-Zarco AI, Martínez-Ruiz MP, Izquierdo-Yusta A (2011) Key service innovation drivers in the tourism sector: empirical evidence and managerial implications. Serv Bus 5(4):339
62. Kavaratzis, M. 2017. The participatory place branding process for tourism: Linking visitors and residents through the city brand. In Tourism in the city, 93–107. Berlin: Springer.
63. Kavaratzis, M., and A. Kalandides. 2015. Rethinking the place brand: The interactive formation of place brands and the role of participatory place branding. Environment and Planning 46 (6): 1368–1382.
64. Zenker, S., and C. Erfgen. 2014. Let them do the work: A participatory place branding approach. Journal of Place Management and Development 7 (3): 225–234.
65. Kalandides, A. 2011. City marketing for Bogotá: A case study in integrated place branding. Journal of Place Management and Development 4 (3): 282–291.
66. Ashworth, G., and M. Kavaratzis. 2009. Beyond the logo: Brand management for cities. Brand Management 16 (8): 520–531.

67. Hankinson, G. 2009. Managing destination brands: Establishing a theoretical foundation. Journal of Marketing Management 25 (1–2): 97–115.
68. Kavaratzis, M., and G. Ashworth. 2005. City branding: An effective assertion of identity or a transitory marketing trick? Tijdschrift Voor Economische en Sociale Geografie 96 (5): 506–514.
69. Kavaratzis, M. 2004. From city marketing to city branding: Towards a theoretical framework for developing city brands. Place Branding 1 (1): 58–73.
70. Rainisto, S. 2003. Success factors of place marketing: A study of place marketing practices in Northern Europe and The United States. Helsinki University of Technology.
71. Kotler, P., C. Asplund, I. Rein, and D. Haider. 1999. Marketing places Europe: Attracting investments, industries, residents and visitors to European cities, communities, regions and nations. London: Pearsons Education Ltd.
72. Anholt, S. 2003. Brand new justice: How branding places and products can help the developing world. Burlington, MA: Elsevier.
73. Campelo, A., R. Aitken, M. Thyne, and J. Gnoth. 2014. Sense of place: The importance for destination branding. Journal of Travel Research 53 (2): 154–166.
74. Govers, R., and F. Go. 2009. Place branding: Virtual and physical identities, glocal, imagined and experienced. Basingstoke: Palgrave-Macmillan.
75. Kavaratzis, M., and M. Hatch. 2013. The dynamics of place brands: An identity-based approach to place branding theory. Marketing Theory 13 (1): 69–86.
76. Jernsand, E., and H. Kraff. 2015. Participatory place branding through design: The case of Dunga Beach in Kisumu, Kenya. Place Branding and Public Diplomacy 11 (3): 226–242.
77. Colomb, C., and A. Kalandides. 2010. The 'Be Berlin' Campaign: Old wine in new bottles or innovative form of participatory place branding? In Towards effective place brand management: Branding European cities and regions, ed. G. Ashworth and M. Kavaratzis, 173–190. Cheltenham: Edward Elgar Publishing.
78. Govers, R. 2015. Rethinking virtual and online place branding. In Rethinking place branding, ed. M. Kavaratzis, G. Warnaby, and G. Ashworth, 73–83. Berlin: Springer.
79. Oliveira, E., and E. Panyik. 2015. Content, context and co-creation: Digital challenges in destination branding with references to Portugal as a tourist destination. Journal of Vacation Marketing 21 (1): 53–74.
80. Chung, Hwiman, and Xinshu Zhao. 2003. Humour effect on memory and attitude: Moderating role of product involvement. International Journal of Advertising 22(1): 117–144. https://doi.org/10.1080/02650487.2003.11072842.
81. Dessart, L. 2018. Do ads that tell a story always perform better? The role of character identification and character type in storytelling ads. International Journal of Research in Marketing 35 (2): 289–304. https://doi.org/10.1016/j.ijresmar.2017.12.009.
82. Fenger, Morten H. J., Jessica Aschemann-Witzel, Flemming Hansen, and Klaus G. Grunert. 2015. Delicious words: Assessing the impact of short storytelling messages on consumer preferences for variations of a new processed meat product. Food Quality and Preference 41: 237–244. https://doi.org/10.1016/j.foodqual.2014.11.016.
83. Nie, Yong You, Austin Rong Da. Liang, and Dun Ji Chen. 2017. Assessing the effect of organic-food short storytelling on consumer response. The Service Industries Journal 37(15–16): 968–985. https://doi.org/10.1080/02642069.2017.1371143.
84. Fog K, Budtz C, Munch P, Blanchette S (2010) Storytelling: branding in practice, 2nd edn. Springer Science & Business Media, Heidelberg
85. Du Plessis, Charmaine. 2017. The role of content marketing in social media content communities. South African Journal of Information Management 19(1): 1–7.
86. Hirschman, E.C. (2010) Evolutionary branding. Psychology & Marketing 27 (6): 568–583.

87. Gelb, Betsy D., and Charles M. Pickett. 1983. Attitude-toward-the-AD: links to humor and to advertising effectiveness. Journal of Advertising 12(2): 34–42. https://doi.org/10.1080/00913367.1983.10672838.
88. Shimp, Terence A. 1981. Attitude toward the AD as a mediator of consumer brand choice. Journal of Advertising 10(2): 9–48. https://doi.org/10.1080/00913367.1981.10672756.
89. Mitchell, Andrew A., and Jerry C. Olson. 1981. Are product attribute beliefs the only mediator of advertising effects on brand attitude? Journal of Marketing Research 18(3): 318–332. https://doi.org/10.1177/002224378101800306.
90. Spears, Nancy, and Surendra N. Singh. 2004. Measuring attitude toward the brand and purchase intentions. Journal of Current Issues and Research in Advertising 26(2): 53–66. https://doi.org/10.1080/10641734.2004.10505164.
91. Sallam, Methaq Ahmed, Fahad Ali Algammash, and Management. 2016b. "The effect of attitude toward advertisement on attitude toward brand and purchase intention." International Journal of Economics, Commerce 4(2):509–520
92. Tauber, E.M. 1981. Brand franchise extension: New product benefits from existing brand names. Business Horizons 24(2): 36–41.
93. Hill, J., and H. Lee. 2015. Sustainable brand extensions of fast fashion retailers. Journal of Fashion Marketing and Management 19(2): 205–222.
94. Aagerup, U., and J. Nilsson. 2016. Green consumer behavior: Being good or seeming good? Journal of Product and Brand Management 25(3): 274–284.
95. Niedermeier, A., A. Emberger-Klein, and K. Menrad. 2021. Which factors distinguish the different consumer segments of green fast-moving consumer goods in Germany? Business Strategy and the Environment 30(4): 1823–1838.
96. Athavaley, A. 2009. Kicking formaldehyde out of bed. Wall Street Journal. Advance online publication 30 April. https://www.wsj.com/articles/SB10001424052748703816204574487412817324226.
97. Schmuck, D., J. Matthes, and B. Naderer. 2018. Misleading consumers with green advertising? An affect-reason-involvement account of greenwashing effects in environmental advertising. Journal of Advertising 47(2): 127–145.
98. Glaser, B.G., and A. Strauss. 1967. The discovery of grounded theory: Strategies for qualitative research. New York: Aldine Publishing.
99. Morgan, D.L. 1993. Qualitative content analysis: A guide to paths not taken. Qualitative Health Research 3(1): 112–121.
100. Bray, J., N. Johns, and D. Kilburn. 2011. An exploratory study into the factors impeding ethical consumption. Journal of Business Ethics 98(4): 597–608.
101. Olsen, M.C., R.J. Slotegraaf, and S.R. Chandukala. 2014. Green claims and message frames: How green new products change brand attitude? Journal of Marketing 78(5): 119–137.

The manufacturer's authorised representative in the EU is Springer Nature Customer Service Centre GmbH, Europaplatz 3, 69115 Heidelberg, Germany. If you have any concerns regarding our products, please contact ProductSafety@springernature.com

Printed and bound by CPI Group (UK) Ltd, Croydon, CR0 4YY